현대과학 명리학의 정해(定解)

과학적 명리학의 길을 여는 실지 연구서

현대과학
명리학의
정定解해

저자 유병국

차례

왜 이 책을 쓰는가?

명리학은 오랜 시간 동안 사람의 삶을 설명해 온 학문이다.

그럼에도 오늘날 명리는 두 가지 극단 사이에 놓여 있다.

하나는 지나치게 어렵게 가르쳐지는 학문이고,

다른 하나는 설명 없이 믿음만을 요구하는 영역이다.

이 책은 그 두 극단에서 한 걸음 물러서고자 한다.

명리를 더 신비롭게 만들지도, 더 단순하게 축소하지도 않는다.

다만 처음 배우는 사람이 이해할 수 있는 언어로,

명리의 기본 구조와 흐름을 정리하고자 한다.

명리는 외우는 지식이 아니다.

사람의 성향, 선택, 그리고 시간의 흐름을 이해하는 하나의 체계다.

이 체계를 처음부터 공식과 용어로 밀어 넣을 때,

명리는 '어려운 학문'이 된다.

이 책은 명리를 처음 접하는 독자를 1번 독자로 삼는다.

동시에, 이미 공부를 시작했으나

기초가 정리되지 않아 흔들리는 학습자에게
다시 기준을 잡아 주는 역할을 하고자 한다.

이 책에서 다루는 내용은 명리를 잘 맞히는 방법이 아니라,
명리를 어떻게 이해해야 하는가에 대한 질문이다.
처음 배우는 사람에게는 부담 없이 읽히는 입문서가 되기를 바라고,
이미 공부해 온 사람에게는 기본을 다시 점검하는 기준서가 되기를 바
란다.
명리는 어렵지 않다만, 어렵게 시작되어 왔을 뿐이다.
이 책은 그 출발점을 다시 놓는 작업이다.

— 지은이

독자들에게 드리는 첫인사

이 책을 펼친 독자에게
나는 먼저 한 가지를 분명히 말하고 싶다.
이 책은 명리학으로 미래를 맞히기 위한 책이 아니라,
삶을 이해하기 위한 책이라는 점이다.
명리학은 오랜 시간 운명을 단정하거나 길흉을 예측하는 기술로 소비
되어 왔다.
그러나 그러한 접근은 일시적인 위안이나 불안을 줄 수는 있어도, 삶을
깊이 이해하게 하지는 못한다.

이 책은 그 지점에서 다른 길을 선택한다.
나는 명리학을
사람을 규정하는 언어가 아니라,
사람을 이해하게 하는 언어로 다루고자 했다.
음양과 오행은 성격을 단정하는 기호가 아니라
삶이 작동하는 방식이며,
십성과 육친은 개인의 문제가 아니라 사회 속에서 맡게 되는 역할과
관계의 구조다.
대운과 세운은 운명을 밀어붙이는 힘이 아니라

구조가 드러나는 순서와 타이밍을 설명하는 장치다.

이 책은

음양과 오행에서 출발해 십성과 육친, 대운과 세운이라는 시간 구조를 거쳐

격국과 용신이라는 종합 판단에 이르기까지

명리학의 전 과정을 학문 순서에 맞추어 정리하였다.

각 장은 독립적으로 읽히기보다,

앞 장을 전제로 다음 장이 성립하도록 설계되어 있다.

독자는 이 책을 통해 "내 사주는 무엇인가?"보다

"내 삶은 어떤 구조 위에 놓여 있는가?"를 생각하게 될 것이다.

그리고 그 구조를 이해하는 순간, 운명이라는 단어는 조금 다른 의미로 다가올 것이다.

이 책이 정답을 제시하기보다는 사유의 기준을 제공하는 책으로 읽히기를 바란다.

그 기준 위에서 각자의 삶을 다시 바라보고, 조금 더 분명한 선택을 할 수 있다면

이 책의 역할은 충분히 다한 것이다.

이제, 명리학을 예언이 아닌 이해의 학문으로 바라보는 여정을 함께 시작하고자 한다.

명리학의
정체성, 학문성, 관점 정리

저자의 학술적·철학적 기준점

명리를 공부한다는 것에 대하여.

예측이 아닌 이해의 학문 명리를 처음 접하는 사람 대부분은 같은 질문을 한다.

"그래서, 맞습니까?"

이 질문은 명리를 향한 가장 솔직한 물음이지만, 동시에 가장 많은 오해를 담고 있다.

명리를 '맞히는 기술'로 이해하는 순간, 이 학문은 필연적으로 미신과 통계의 경계에 서게 된다.

그러나 명리가 오랫동안 살아남아 지금까지 전해져 온 이유는,

그것이 단순한 예측 도구가 아니라 사람을 이해하려는 하나의 체계적 시도였기 때문이다.

명리는 미래를 점치는 기술이 아니라, 사람이 어떤 방식으로 세상과 반응하는가를 설명하려는 언어에 가깝다.

그럼에도 불구하고 오늘날 명리는 종종 결과 중심, 사건 중심, 맞고 틀림의 문제로 축소된다. 이 축소는 명리를 쉽게 소비하게 만들지만, 동시에 명리를 얕게 만든다.

이 책은 그 축소된 자리에서 명리를 꺼내어, 다시 학문과 삶의 경계선 위에 올려놓고자 한다.

1 | 명리는 무엇을 설명하려 했는가

명리는 원래 "무엇이 일어날 것인가?"보다 "왜 그런 방식으로 반응하는가?"를 설명하려 했다.

같은 상황에서도 어떤 사람은 밀어붙이고, 어떤 사람은 멈추며, 어떤 사람은 돌아간다. 명리는 이 차이를 기질, 구조, 흐름이라는 언어로 설명한다.

사주팔자는 한 사람의 인생 전체를 결정하는 설계도가 아니다.

그것은 오히려 한 사람이 태어날 때부터 가지고 있는 반응의 경향성 지도에 가깝다.

어떤 방향으로 힘이 쓰이기 쉬운지, 어떤 조건에서 균형이 무너지는지, 어떤 자극에 과잉 반응하는지를 구조적으로 보여 준다.

이 점을 이해하지 못하면 명리는 숙명론으로 오해된다.

그러나 구조를 이해하면, 명리는 오히려 선택의 여지를 넓힌다.

2 | 숙명과 자유의 오래된 오해

명리를 비판하는 가장 흔한 말은 이것이다.

"이미 정해져 있다면, 노력은 무슨 의미가 있는가?"

이 질문은 명리를 잘못 이해했을 때만 성립한다.

명리가 말하는 것은 결과의 고정이 아니라 조건의 제약이다.

우리는 누구도 아무 조건 없이 선택하지 않는다.

성격, 환경, 시대, 신체, 관계라는 수많은 조건 속에서 선택한다.

명리는 그중에서도 비교적 안정적으로 반복되는 조건을 설명하는 도구다.

즉, 명리는 "네 인생은 이렇다."라고 말하지 않는다.

대신 이렇게 말한다.

"이 조건에서는 이런 선택을 하기 쉽다."

여기서 중요한 것은 '쉽다'와 '반드시'의 차이다.

명리는 필연을 말하지 않는다.

다만 확률이 높은 방향을 말한다.

3 Ⅰ 왜 같은 사람은 같은 문제를 반복하는가

많은 사람들이 명리를 찾는 이유는 미래가 궁금해서가 아니다.

실제로는 과거 때문이다.

"왜 나는 항상 비슷한 문제에서 막히는가?"

"왜 관계에서 늘 같은 패턴이 반복되는가?"

명리는 이 질문에 비교적 정직하게 답할 수 있다.

사람은 자신의 강점을 사용하는 방식으로 문제를 만든다.

이것은 역설처럼 들리지만, 실제 삶에서는 매우 흔하다.

추진력이 강한 사람은 무리하다가 탈이 나고, 신중한 사람은 기회를 놓치며, 책임감이 강한 사람은 스스로를 소진시킨다.

명리는 이 반복을 오행의 편중과 균형이라는 언어로 설명한다.

그러나 이 책에서는 오행을 외워야 할 다섯 글자가 아니라, 사람이 세상과 만나는 다섯 가지 방식으로 풀어 설명할 것이다.

4 Ⅰ 학문으로서의 명리, 생활로서의 명리

명리를 학문으로 다룬다는 것은, 그것을 절대화하지 않는다는 뜻이다.

학문은 언제나 범위를 가진다.

명리 역시 인간 이해의 한 방식일 뿐, 인간 전체를 설명하지는 못한다.
이 책은 명리를 다음과 같이 정의한다.

명리란,
인간이 타고난 조건과
시간의 변화 속에서
어떻게 반응하고 선택하는지를
구조적으로 해석하려는 학문이다.
이 정의 안에는 예언도, 신비도 없다.
대신 구조, 조건, 반응이라는 개념만이 있다. 이 기준을 세워두지 않으면,
명리는 쉽게 과장되고 왜곡된다.

5 ㅣ 이 책의 해석 원칙

이 책은 다음과 같은 원칙 위에서 서술된다.
단정하지 않는다.
명리는 가능성을 말할 뿐, 결과를 확정하지 않는다.
사람을 먼저 본다
사주보다 인간의 삶과 맥락을 우선한다.
맞힘보다 설명을 중시한다
맞았다는 말보다, 왜 그렇게 흘렀는지를 설명한다.
두려움을 만들지 않는다.
불안과 공포를 조장하는 해석은 배제한다.
이 원칙은 이후 모든 장에서 반복적으로 적용된다.

6 | 왜 지금, 다시 명리인가

현대인은 과거 어느 시대보다 많은 선택지를 가진 것처럼 보인다.

그러나 동시에 방향 감각을 잃기 쉬운 시대를 살고 있다.

명리는 이 시대에 다시 읽힐 이유가 있다.

그것은 답을 주기 때문이 아니라, 질문을 정리해 주기 때문이다.

나는 누구인가?

왜 이런 선택을 반복하는가?

어디까지가 나의 한계이고, 어디부터가 조정 가능한 영역인가?

명리는 이 질문들 앞에서 침착하게 구조를 제시한다.

7 | 이 책을 읽는 독자에게

이 책은 당신에게 미래를 약속하지 않는다.

대신 당신이 스스로를 이해하는 데 사용할 수 있는 하나의 지도를 건넨다.

그 지도를 어떻게 사용할지는 전적으로 독자의 몫이다.

명리는 믿음의 대상이 아니라, 참조의 도구가 될 때 가장 건강하다. 이 책이 그 참조의 기준을 세우는 데 도움이 되기를 바란다.

제1장

명리학은 정말
어려운 학문일까

●

명리를 처음 접하는 사람들이 공통적으로 말하는 세 가지가 있다.

"명리는 어렵다."

"한문을 많이 알아야 한다."

"결국 미신으로 보이지 않겠느냐."

이 세 가지 인식은 명리를 배우기도 전에

사람들을 멀어지게 만드는 가장 큰 장벽이다.

그리고 이 장벽은 명리 자체에서 비롯된 것이 아니라

명리가 전달되어 온 방식에서 만들어진 것이다.

1 | '명리는 어렵다'라는 말의 정체

명리가 어렵게 느껴지는 이유는 내용이 복잡해서가 아니다.

초보자가 느끼는 어려움의 대부분은 '이해가 되지 않아서'가 아니라 '왜 배우는지 모르겠어서' 생긴다.

명리는 사람의 삶을 설명하는 학문이다.

삶의 언어는 원래 복잡하지 않다.

그럼에도 명리가 어려워진 이유는 개념보다 용어를 먼저 외우게 하고, 흐름보다 공식을 먼저 제시했기 때문이다.

이 책은

정답을 먼저 제시하지 않는다.

대신 질문을 던지고, 그 질문이 왜 필요한지부터 설명한다.

명리는 이해되기 시작하는 순간, 더 이상 어렵지 않다.

2 | 한문을 알아야만 명리를 할 수 있을까

명리 입문자들이 가장 먼저 멈추는 지점은 한문이다.

낯선 글자와 용어는 학문에 대한 흥미보다 두려움을 먼저 만든다.

그러나 분명히 해야 할 점이 있다.

한문은 명리의 본질이 아니다.

한문은 명리를 기록하고 전달하기 위한 도구일 뿐이다.

명리의 핵심은

오행의 관계, 기운의 변화, 인간의 선택과 반응에 있다.
한문을 잘한다고 해서 명리를 이해하는 것은 아니며,
한문을 몰라도 명리의 구조를 이해하는 데에는 문제가 없다.

이 책에서는
불필요한 한문 사용을 줄이고,
필요한 개념은 우리말로 풀어 설명한다.
한문이 등장하더라도 그 의미와 쓰임을 함께 설명한다.
외워야 할 글자가 아니라, 이해해야 할 관계에 집중한다.

3 | '미신 아니냐'라는 말이 불편한 이유

명리를 공부하는 사람이라면 한 번쯤은 이런 말을 들어 본 적이 있을 것이다.
"그거 미신 아니야?"
이 말이 유독 불편하게 느껴지는 이유는 명리를 배우는 사람 대부분이 삶을 가볍게 보지 않기 때문이다.

명리는
사람의 인생을 단정하기 위한 학문이 아니라,
함부로 단정하지 않기 위해 배우는 학문이다.
문제는 명리 자체가 아니라 설명 방식에 있다.
믿으라고 요구하는 순간, 학문은 미신으로 오해받는다.

이 책은

명리를 믿으라고 말하지 않는다.

대신

"이렇게 이해해 볼 수 있다."라는 방식으로 접근한다.

미신과 학문의 차이는 대상이 아니라 설명의 태도에서 갈린다.

4 ㅣ 이 책이 택한 출발점

이 책은

명리를 잘 가르치기 전에 명리를 편하게 바라보는 눈을 먼저 만들고자

한다.

틀려도 괜찮고, 처음에는 잘 몰라도 괜찮다.

명리는

외워서 시작하는 학문이 아니라,

이해되면서 시작되는 학문이기 때문이다.

어려움의 본질과 오해의 구조

1 | 명리학이 어렵다고 느껴지는 첫 번째 이유

명리학이 어렵다는 인식은 학문의 난해함 때문이 아니라,

접근 방식의 혼란에서 비롯되는 경우가 많다.

초보자는 명리학을

수많은 한자 용어와 복잡한 공식의 집합으로 인식한다.

그러나 이는 명리학의 본질이라기보다 학습 과정에서 형성된 외형적 장벽에 가깝다.

실제로 명리학은

인간과 자연의 질서를 관찰하고 그 반복 구조를 정리한 학문이다.

2 | '어렵다'는 인식은 어디에서 만들어지는가

명리학을 배우는 과정에서 다음과 같은 지점에서 혼란이 발생한다.

- 용어의 의미보다 암기에 집중할 때
- 십신을 개별적으로만 이해할 때
- 해석의 단계 없이 결론부터 요구할 때

이러한 방식은

명리학을 하나의 판단 기술로 오인하게 만들며,

그 결과 학문 전체가 어렵게 느껴지게 된다.

3 | 명리학은 구조의 학문이다

명리학은 결코 무작위적인 해석의 집합이 아니다.
사주 명식은
일정한 구조와 질서를 기반으로 하며, 해석 역시 단계적으로 이루어진다.
즉, 명리학은
'복잡해서 어려운 학문'이 아니라
구조를 이해하지 못하면 어려워지는 학문이다.

4 | 해석의 층위를 알면 명리는 쉬워진다

명리 해석은
하나의 답을 바로 찾는 과정이 아니다.
다음과 같은 층위를 거쳐 점진적으로 완성된다.

> • 명식의 구조를 파악하는 단계
> • 요소 간 관계를 해석하는 단계
> • 삶의 영역으로 적용하는 단계

이 과정을 거치지 않고 곧바로 길흉을 묻는 순간,
명리학은 갑자기 난해한 학문으로 변한다.

5 | 초보자가 가장 많이 하는 오해

초보자들이 흔히 범하는 오해는 다음과 같다.

- 사주 하나로 인생이 결정된다고 믿는 것
- 십신 하나로 성격을 단정하는 것
- 책 한 권으로 모든 해석이 가능하다고 생각하는 것

이러한 오해는
명리학이 어렵다는 인식을 강화하지만, 실제로는 학습 순서의 문제에 불과하다.

6 | 초보자를 위한 명리 이해 단계 정리

명리학이 어렵다고 느껴지는 가장 큰 이유는 개념 그 자체보다도, 학습의 출발점이 잘못 설정되어 있기 때문이다.

초보자는 흔히 명리를 '외워야 하는 학문'으로 인식하지만, 실제 명리는 구조를 이해하고 관계를 해석하는 학문에 가깝다.

이 차이를 인식하는 것이 명리 이해의 첫 단계다.

초보자의 시선에서 명리는 수많은 한자 용어와 복잡한 공식의 집합처럼 보인다. 그래서 용어 하나하나를 외우는 데 집중하게 되고, 의미보다는 암기에 학습 에너지를 소모한다. 그러나 실제 명리학에서 용어는 목적이 아니라 도구이며, 한자는 외워야 할 대상이 아니라 개념을 압축해 담은 기호에 가깝다.

즉, 한자를 외우는 것이 명리를 배우는 것이 아니라, 그 한자가 담고 있는 개념을 이해하는 것이 핵심이다.

사주 또한 초보자에게는 인생을 단정 짓는 '결정표'처럼 인식되기 쉽다. 태어난 순간 이미 삶의 모든 것이 정해져 있다는 오해가 여기서 발생한다.

하지만 실제 명리에서 사주는 결론이 아니라 해석의 출발점이다. 사주는 가능성과 조건을 보여 주는 지도일 뿐, 삶의 방향을 강제하는 설계도가 아니다.

십신 역시 마찬가지다. 초보자는 십신을 성격을 고정하는 꼬리표로 받아들이지만, 실제로 십신은 관계 속에서 작동하는 역할 개념이다.

같은 십신이라도 상황과 맥락에 따라 전혀 다른 모습으로 드러나며, 고정된 성격값이 아니라 관계 속에서 변화하는 기능으로 이해해야 한다.

해석의 방식에서도 큰 차이가 나타난다. 초보자는 하나의 요소를 보고 즉각적인 결론을 내리려 한다. 특정 글자 하나, 특정 십신 하나로 성격이나 인생을 단정 짓는 것이다. 그러나 실제 명리 해석은 반드시 단계적 판단을 거친다.

전체 구조를 보고, 흐름을 확인하고, 관계를 비교한 뒤에야 의미가 드러난다. 명리는 빠른 결론의 학문이 아니라, 천천히 쌓아 가는 해석의 학문이다.

학습 태도 역시 전환이 필요하다. 초보 단계에서는 암기 중심의 학습에 머무르기 쉽지만, 명리를 이해하기 위해서는 구조 이해 중심으로 접근해야 한다.

각각의 요소가 독립적으로 존재하는 것이 아니라, 서로 어떻게 연결되고 영향을 주는지를 파악하는 것이 중요하다. 구조를 이해하면 암기는 자연스럽게 따라오지만, 암기만으로는 구조를 볼 수 없다.

결국 명리학이 어렵게 느껴지는 이유는 난해해서가 아니라, 순서를 건너뛰기 때문이다. 이해보다 암기를 앞세우고, 구조보다 결론을 먼저 찾으려할 때 명리는 벽이 된다.

반대로 인식의 전환만 이루어지면, 명리는 복잡한 학문이 아니라 인간삶의 구조를 설명하는 체계적인 언어로 다가오기 시작한다.

7 | 명리학은 누구에게 어려운가

명리학은
정답을 빨리 얻고자 하는 이에게는 어렵고,
구조를 이해하려는 이에게는 오히려 명확한 학문이다.
따라서 명리학의 난이도는 학문의 문제가 아니라
학습자의 태도와 접근 방식의 문제라 할 수 있다.

8 | 결론

명리학은 본래 어려운 학문이 아니다.
다만, 잘못된 입구로 들어갈 때 끝없이 복잡해질 뿐이다.
본 장에서 제시한 관점은
이후 전개될 모든 장의 이해를 돕는 기초 인식이자 출발점이 된다.

　명리학은 흔히 개인의 길흉화복을 점치는 기술로 인식되지만, 그 본질은 인간과 자연의 관계를 구조적으로 해석하려는 학문적 시도에서 출발하였다. 고전 명리 이론은 인간의 삶을 우주 질서의 일부로 바라보며, 시간과 공간, 그리고 기운의 변화가 인간의 성정과 삶의 흐름에 어떠한 영향을 미치는지를 탐구하는 체계적 학문이다.

　명리학의 기초는 음양오행 사상에 있다. 음과 양은 만물의 상호 대립과 조화를 설명하는 기본 원리이며, 오행은 목·화·토·금·수라는 다섯 가지 기운의 순환과 변화를 통해 자연 현상과 인간 삶의 구조를 설명한다. 이 이론은 단순한 상징 체계가 아니라, 자연 현상을 관찰하고 반복되는 패턴을 축적하여 형성된 경험적 이론 체계로 이해할 필요가 있다.

　사주 명리에서 출생 시각을 기준으로 연·월·일·시를 배열하는 방식은 인간이 태어난 순간의 시간적 좌표를 설정하는 행위이다. 이는 개인의 운명을 고정적으로 규정하려는 의도가 아니라, 특정 시점에 형성된 기운의 배치를 통해 그 사람이 가진 가능성과 한계를 분석하기 위한 분석 도구에 가깝다. 즉, 명리는 결정론이 아니라 구조론에 가깝다.

　고전 문헌에서 명리는 항상 '변화'를 전제로 한다. 동일한 명식을 가진 사람이라 하더라도 환경, 선택, 시대적 조건에 따라 삶의 결과는 크게 달라질 수 있다. 이러한 관점에서 명리학은 예언의 학문이 아니라, 가능성과 경향성을 읽어 내는 해석의 학문으로 자리 잡는다.

　본 장에서 다룬 명리의 기본 개념은 이후 모든 논의의 토대가 된다. 명리학을 학술적으로 접근하기 위해서는 개별 기법이나 단편적 해석에 앞서,

이 학문이 어떠한 문제의식 속에서 형성되었는지를 이해하는 것이 필수적
이다.

대중적으로 소비되는 명리 콘텐츠는 종종 명리를 단순한 길흉 판단이나 단정적인 예언으로 축소한다. "이 사주는 부자가 된다.", "이 명식은 실패한다."와 같은 표현은 명리를 즉각적이고 자극적인 정보로 소비하게 만들지만, 학술적 관점에서는 이러한 접근이 명리의 본질을 왜곡한다고 볼 수 있다.

첫 번째 오해는 명리를 '결과 중심의 학문'으로 이해하는 것이다. 학술 명리는 결과보다 구조를 중시한다. 동일한 결과가 나타났더라도 그 원인과 경로를 분석하는 것이 중요하며, 이는 개인의 선택과 환경 요인을 함께 고려하는 복합적 분석을 요구한다.

두 번째 오해는 명리를 절대적 기준으로 받아들이는 태도이다. 명리 이론은 인간 삶을 설명하기 위한 하나의 해석 틀일 뿐, 모든 현상을 완벽하게 설명할 수 있는 절대 법칙이 아니다. 따라서 명리를 적용할 때에는 항상 비판적 사고와 해석의 여지를 남겨 두어야 한다.

세 번째 오해는 명리를 개인의 책임에서 분리시키는 태도이다. 운이 좋지 않다는 이유로 삶의 선택을 포기하거나, 모든 결과를 사주 탓으로 돌리는 태도는 명리의 학술적 정신과 배치된다. 고전 명리에서 말하는 '운'은 행동의 방향을 조정하기 위한 참고 지표이지, 인간의 자유 의지를 부정하는 개념이 아니다.

학술 명리는 이러한 오해를 경계하며, 명리를 인간 이해를 위한 도구로 재정립한다. 이는 명리를 통해 인간을 단순화하는 것이 아니라, 오히려 인간의 복합성과 가능성을 더 깊이 이해하려는 시도라 할 수 있다.

제1장 C. 현대 사회에서의 명리학 적용 가능성

현대 사회는 과거와 비교할 수 없을 만큼 복잡한 구조를 지니고 있다. 직업의 형태는 다양해졌고, 인간관계의 양상 또한 빠르게 변화하고 있다. 이러한 환경 속에서 명리학은 단순한 미래 예측 도구가 아니라, 삶의 방향을 점검하는 하나의 사고 틀로 활용될 수 있다.

예를 들어, 명리를 통해 개인의 성향과 기질을 분석하는 것은 직업 선택이나 인간관계에서의 갈등을 이해하는 데 도움을 줄 수 있다. 이는 특정 직업을 강요하거나 관계의 성패를 단정하는 것이 아니라, 자신에게 맞는 환경과 역할을 탐색하는 과정에 가깝다.

또한 명리는 삶의 주기와 변화의 흐름을 인식하게 한다. 인생의 어느 시점에 집중과 확장이 필요한지, 혹은 휴식과 정리가 필요한지를 성찰하는 데 명리는 유용한 참고 자료가 될 수 있다. 이는 현대인이 겪는 과도한 경쟁과 불안 속에서 자기 조절의 기준을 마련해 준다.

중요한 점은 명리를 적용함에 있어 항상 현실적 판단과 결합해야 한다는 것이다. 명리는 선택을 대신해 주지 않으며, 책임 또한 대신 져 주지 않는다. 다만 선택의 맥락을 이해하고, 보다 성숙한 판단을 내릴 수 있도록 돕는 보조 도구로 기능한다.

이러한 관점에서 명리학은 현대 사회에서도 충분한 학술적·실천적 가치를 지닌다. 다만 그것은 운명을 말하는 학문이 아니라, 인간과 삶을 이해하는 하나의 언어로 사용될 때 비로소 그 의미를 갖는다.

제1장 핵심 정리

음양오행 이론의 구조적 이해와 해석 기준

본 장에서 다룬 음양오행은 단순한 자연 철학이 아니라, 인간과 사회 현상을 해석하기 위한 구조적 분석 체계이다. 음과 양은 대립 개념이 아니라 상호 보완적 작용 원리이며, 오행은 고정된 속성이 아니라 순환과 전환을 전제로 한 기능적 개념으로 이해되어야 한다.

음양은 만물을 이분하는 기준이 아니라, 변화의 방향과 속도를 판단하는 기준이다. 양은 발산·확장·외향의 성질을, 음은 수렴·축적·내향의 성질을 갖는다. 그러나 이 둘은 고정되지 않으며, 상황과 환경에 따라 서로 전환된다. 따라서 명리 해석에서 음양은 성격의 좋고 나쁨을 가르는 잣대가 아니라, 행동 양식과 삶의 흐름을 읽어 내는 기본 좌표로 작동한다.

오행은 목·화·토·금·수라는 다섯 개의 물질적 요소가 아니라, 작용과 반작용의 다섯 가지 유형을 의미한다. 목은 생성과 성장, 화는 발현과 확장, 토는 조율과 매개, 금은 수렴과 절제, 수는 저장과 응축의 기능을 담당한다. 이 다섯 작용은 서로 생하고 극하며, 균형을 이루는 과정에서 인간의 삶과 사건이 전개된다. 그러므로 오행을 개별적으로 해석하기보다는, 상호 관계 속에서의 흐름으로 파악해야 한다.

본 장의 핵심은 음양오행을 정태적 개념이 아닌 동태적 구조로 이해하는 데 있다. 사주 명식에서 특정 오행이 강하거나 약하다는 평가는 그 자체로 의미를 갖기보다, 전체 구조 속에서 어떤 역할을 수행하는지에 따라 해석의 방향이 달라진다. 동일한 오행의 과다라 하더라도, 그것이 조율 기능을 수행하는지, 아니면 불균형을 심화시키는지에 따라 전혀 다른 삶의 양상으로 나타난다.

명리 해석에서 가장 흔한 오류는 오행의 많고 적음을 단순 비교하는 데서 발생한다. 그러나 실제 해석의 기준은 기능의 적합성과 구조의 일관성에 있다. 즉, 오행이 많아도 제 기능을 수행하면 문제가 되지 않으며, 적더라도 구조상 필수 기능을 담당하면 오히려 긍정적으로 작용한다. 이러한 관점은 명리학을 숙명론에서 벗어나, 해석 가능한 학문 체계로 확장시키는 출발점이 된다.

본 장에서 제시한 음양오행의 구조적 이해는 이후 장에서 다루게 될 십성, 격국, 용신론의 이론적 토대가 된다. 음양오행을 단순 암기 대상이 아닌 해석의 프레임으로 인식할 때, 명리학은 개인의 성향 분석을 넘어 사회적 관계와 시대적 흐름까지 설명할 수 있는 학문으로 기능하게 된다. 이러한 관점이 본서 전반을 관통하는 해석의 기준임을 분명히 밝힌다.

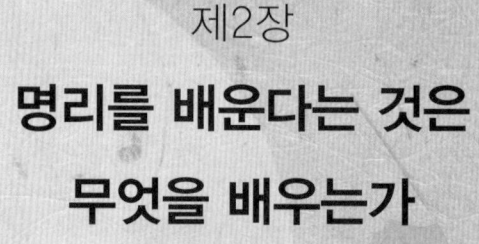

제2장

명리를 배운다는 것은

무엇을 배우는가

●

명리를 배운다고 하면,

대부분은 사주를 보고 미래를 맞히는 기술을 떠올린다.

그러나 명리의 본질은 예측이 아니라 이해에 가깝다.

명리는 사람의 삶을 정해진 운명으로 설명하려는 학문이 아니다.

오히려 정해져 있지 않기 때문에 어떤 선택이 반복되고,

어떤 흐름이 만들어지는지를 살펴보는 학문이다.

이 장에서는

명리를 배운다는 것이

무엇을 더 많이 외우는 일이 아니라

어떤 관점으로 삶을 바라보게 되는 과정인지를 정리하고자 한다.

1 | 명리는 '정답'을 배우는 학문이 아니다

초보자가 명리를 배울 때
가장 먼저 혼란을 느끼는 지점은 이것이다.
"이 사주는 좋습니까, 나쁩니까?"
"이 선택은 맞습니까, 틀립니까?"
이 질문은 자연스럽다.
그러나 명리는 이 질문에 단정적인 답을 주지 않는다.

명리는
정답과 오답을 가르는 학문이 아니라,
가능성과 경향을 읽는 학문이다.
같은 사주를 가지고도 전혀 다른 삶을 살아가는 사람이 존재한다는 사실은
명리가 '정해진 결과'를 말하지 않는다는 가장 분명한 증거다.
명리를 배운다는 것은
미래를 확정하는 능력을 얻는 것이 아니라,
선택이 어떤 방향으로 흘러갈 가능성이 높은지를 이해하는 눈을 기르는
일이다.

2 | 명리는 삶을 설명하는 '구조'를 배우는 것이다

명리는 사람을 평가하지 않는다.
대신 구조를 설명한다.
어떤 기운이 강한지, 어떤 기운이 부족한지,
그 불균형이 삶에서 어떻게 드러나는지,

이 구조를 이해하면 사람의 말과 행동이 무작위가 아니라는 것을 알게 된다.

예를 들어

> • 어떤 사람은 늘 먼저 나서고,
>
> • 어떤 사람은 끝까지 기다린다.
>
> • 어떤 사람은 결과보다 과정을 중시하고,
>
> • 어떤 사람은 과정이 불안하면 결과도 쉽게 포기한다.

명리는 이러한 차이를
성격의 좋고 나쁨으로 설명하지 않는다.
기운의 배치와 흐름이라는 구조의 언어로 설명한다.
이 구조를 이해하는 순간,
사람에 대한 판단은 줄어들고 이해는 깊어진다.

3 | 명리를 배우면 왜 사람을 함부로 판단하지 않게 되는가

명리를 제대로 공부한 사람은
타인의 삶을 쉽게 단정하지 않는다.
왜냐하면 명리는
사람이 처한 조건과 흐름을 함께 보기 때문이다.
겉으로 보기에는 같은 선택처럼 보이는 행동도
그 사람이 서 있는 자리와
그가 가진 기운의 상태에 따라 전혀 다른 의미를 갖는다.
명리를 배운다는 것은

사람을 '결과'로 보지 않고 과정과 조건 속에서 이해하는 태도를 몸에 익히는 일이다.

그래서 명리는
사람을 통제하기 위한 학문이 아니라,
사람을 이해하기 위해 필요한 언어에 가깝다.

4 I 공부가 힘들어지는 순간은 언제인가?

명리를 배우다 중간에 포기하는 사람들의 공통점은
능력이 부족해서가 아니다.
대부분은
용어가 늘어나고, 공식이 쌓이고, 외워야 할 것이 많아지는 순간
"이걸 왜 해야 하지?"라는 질문에 답을 얻지 못한다.

학문은
이유를 잃는 순간, 부담으로 바뀐다.
이 책은
'무엇을 외워야 하는가'보다
'왜 이것을 알아야 하는가'를 먼저 설명한다.

이유가 분명해지면
암기는 자연스럽게 따라온다.

5 | 명리를 배운다는 것은 삶을 다시 읽는 연습이다

명리를 공부하다 보면
어느 순간부터 자신의 과거를 다시 보게 된다.

- 왜 그때 그런 선택을 했는지
- 왜 같은 실수를 반복했는지
- 왜 어떤 관계에서는 늘 힘들었는지

명리는 과거를 비난하지 않는다. 대신 그 흐름을 설명한다.

이 설명은
후회가 아니라 이해로 이어지고,
이해는
다음 선택을 조금 더 의식적으로 만들 수 있게 한다.
명리를 배운다는 것은
삶을 예언하는 능력을 얻는 것이 아니라,
삶을 해석하는 힘을 기르는 과정이다.

6 | 이 책이 말하는 '배움'의 기준

이 책에서 말하는 명리 공부는 다음 네 가지 기준을 따른다.

- 외우지 않아도 이해되는 설명
- 삶의 사례로 연결되는 이론

- 단정하지 않고 가능성을 여는 해석

- 초보자도 끝까지 따라올 수 있는 흐름

이 기준을 벗어나는 내용은 의도적으로 줄이거나 배제한다.

명리를 처음 배우는 사람에게

가장 필요한 것은

지식의 양이 아니라 길을 잃지 않게 해 주는 기준이기 때문이다.

7 ㅣ 다음 장을 위한 질문

이제 다음 질문으로 넘어갈 차례다.

사람의 삶은

기운에 의해 움직이는가, 아니면 선택에 의해 바뀌는가?

다음 장에서는 이 질문을 중심으로

명리에서 말하는

'운(運)'과 '자기 선택'의 관계를 본격적으로 다룬다.

지식의 습득이 아닌 해석의 체계를 익히는 일

1 | 명리를 배운다는 말의 오해

명리를 배운다고 하면 많은 이들이 먼저 떠올리는 것은

십신, 용신, 대운, 세운과 같은 개별 개념의 암기이다.

그러나 명리를 배운다는 것은 지식을 많이 쌓는 일이 아니라,

해석이 작동하는 질서를 이해하는 과정에 가깝다.

명리학은

무엇을 외웠는가보다 어떻게 연결하는가를 묻는 학문이다.

2 | 명리 학습의 첫 단계는 '읽는 법'을 익히는 일

명리를 처음 배우는 단계에서

가장 중요한 것은 사주 명식을 읽는 순서와 관점이다.

이는 책을 읽을 때

낱글자를 먼저 읽지 않고 문장과 문맥을 파악하는 것과 유사하다.

명식 역시 부분이 아니라 전체 구조를 먼저 읽을 때 비로소 의미가 드러
난다.

3 | 명리에서 배우는 세 가지 핵심 능력

명리 학습의 본질은

다음 세 가지 능력을 기르는 데 있다.

> • 구조를 파악하는 능력
> • 관계를 해석하는 능력
> • 현실에 적용하는 판단력

이 세 능력은 동시에 완성되지 않으며, 학습 단계에 따라 점진적으로 축적된다.

4 | 명리를 '안다'는 것과 '쓴다'는 것의 차이

명리를 공부한 사람과
명리를 실제로 사용하는 사람 사이에는 분명한 차이가 존재한다.
지식은 알고 있으나 해석에 적용하지 못하는 경우,
명리는 여전히 어렵고 추상적인 학문으로 남는다.
반대로 구조와 원리를 이해한 경우,
적은 지식만으로도 일관된 해석이 가능해진다.

5 | 초보자가 반드시 거쳐야 할 학습의 순서

명리 학습에는
건너뛰어서는 안 되는 순서가 있다.
이를 무시할 경우 혼란과 좌절이 반복되며 학습 자체를 포기하게 된다.
아래 표는
명리를 배운다는 것이

실제로 무엇을 익히는 과정인지를 단계별로 정리한 것이다.

6 | 명리 학습 단계 정리

1단계: 사주 구조 이해

→ 개념 인식 단계

: 글자와 용어를 처음으로 구분하고, 명리를 '형식'으로 인식하는 단계

2단계: 오행·십신 관계

→ 해석 감각 형성 단계

: 관계를 외우는 것이 아니라, 작용을 느끼기 시작하는 단계

3단계: 균형과 흐름 판단

→ 종합 사고 단계

: 부분이 아닌 전체를 보고, 명식을 하나의 이야기로 읽기 시작

4단계: 삶의 영역 적용

→ 실전 해석 단계

: 직업·관계·시기 등 현실 문제와 명리를 연결하는 단계

5단계: 반복과 검증

→ 해석 안정화 단계

: 맞고 틀림을 넘어, 해석의 일관성과 책임이 생기는 단계

7 ㅣ 명리 학습에서 가장 중요한 태도

명리학은 빠른 정답을 요구할수록 멀어지고, 과정을 존중할수록 가까워진다.

따라서 명리를 배운다는 것은 미래를 맞히는 기술을 습득하는 것이 아니라,

인간과 삶을 해석하는 틀을 익히는 일이라 할 수 있다.

8 ㅣ 제2장의 정리

명리를 배운다는 것은

정보를 모으는 일이 아니라, 해석의 기준을 세우는 일이다.

이 장에서 다룬 관점은 이후 각 장에서 전개될 십신·용신·대운 해석의 토대가 된다.

제2장에서 다룬 명리의 핵심 구조는 단일 요소로 독립적으로 작동하지 않는다. 명리학의 모든 이론은 상호 연관된 체계 속에서 의미를 가진다. 따라서 하나의 요소를 해석할 때에는 반드시 다른 요소와의 관계 속에서 그 기능과 역할을 함께 고려해야 한다.

예를 들어 특정 오행이 강하거나 약하다는 판단은 그 자체로 결론이 될 수 없다. 해당 오행이 어떤 위치에 있으며, 다른 오행과 어떠한 관계를 맺고 있는지가 함께 분석되어야 한다. 이러한 관계성 분석은 명리를 단순한 요소 나열이 아닌 구조 해석의 학문으로 만든다.

학술 명리에서 구조란 고정된 틀이 아니라 유기적 관계망을 의미한다. 각 요소는 독립된 의미를 가지면서도 동시에 전체 구조 속에서 기능한다. 이 때문에 명리 해석은 항상 전체를 전제로 한 부분 해석의 방식으로 이루어져야 한다.

본 장에서 제시한 구조적 접근은 이후 장들에서 다루는 보다 복합적인 해석의 기초가 된다. 명리를 학술적으로 이해하기 위해서는 개별 기법보다 이러한 구조 인식이 우선되어야 한다.

가상의 두 인물을 설정해 보자. 두 인물은 동일한 명리 구조를 가지고 있으며, 기본적인 성향과 잠재력 또한 유사하다. 그러나 성장 환경과 삶의 선택은 전혀 다른 방향으로 전개된다.

첫 번째 인물은 자신의 성향을 이해하고, 강점을 살릴 수 있는 환경을 선택한다. 반면 두 번째 인물은 외부의 기대와 압박에 따라 자신과 맞지 않는 방향을 선택한다. 결과적으로 두 인물의 삶은 전혀 다른 모습으로 나타난다.

이 사례는 명리 구조가 결과를 결정하지 않는다는 점을 분명히 보여 준다. 명리는 가능성과 경향을 제시할 뿐이며, 실제 삶의 전개는 선택과 환경의 상호 작용 속에서 형성된다. 학술 명리는 이러한 차이를 설명하는 도구로 기능한다.

명리 구조 해석은 강력한 분석 도구이지만, 동시에 분명한 한계를 지닌다. 구조를 지나치게 절대화할 경우, 인간의 다양성과 예외성을 설명하지 못하는 문제가 발생한다.

연구자의 관점에서 중요한 것은 구조를 활용하되, 구조에 갇히지 않는 태도이다. 명리 해석은 항상 열린 결론을 전제로 해야 하며, 개인의 삶을 단정하지 않는 윤리적 기준이 함께 요구된다.

이러한 태도는 명리를 학문으로 유지하게 하는 핵심 요소이다.

제2장 핵심 정리

십성(十星)의 구조와 인간관계 해석의 기준

십성은 사주 명리학에서 인간의 성향과 사회적 관계를 해석하는 핵심 도구로 기능한다. 그러나 십성을 단순히 길흉이나 성격 분류의 기준으로만 이해할 경우, 명리 해석은 피상적인 판단에 머물 수밖에 없다. 본 장에서 다룬 십성은 개인의 내면적 성향을 넘어, 사회적 역할과 관계 구조를 설명하는 해석 체계로 이해되어야 한다.

십성은 일간을 기준으로 형성되는 관계 개념이며, 이는 곧 '나'와 '타자'의 관계 설정을 의미한다. 비견과 겁재는 자기 확장의 방식과 경쟁 구도를, 식신과 상관은 표현과 생산의 방향을, 재성은 소유와 관리의 개념을, 관성은 규범과 책임의 구조를, 인성은 학습과 보호의 작용을 각각 상징한다. 이때 중요한 점은 십성이 고정된 성격 규정이 아니라, 상황에 따라 작동하는 관계적 기능이라는 사실이다.

십성 해석에서 핵심 기준은 많고 적음이 아니라 역할의 균형이다. 예컨대 관성이 강하다고 해서 반드시 억압적 삶을 의미하지 않으며, 재성이 많다고 해서 모두가 물질적 성공을 보장받는 것도 아니다. 십성은 명식 전체 구조 속에서 어떤 위치에 놓여 있는지, 다른 십성과 어떤 상호 작용을 하는지에 따라 전혀 다른 의미를 형성한다. 따라서 십성은 단독으로 해석할 수 없으며, 항상 구조 속에서 읽혀야 한다.

특히 현대 사회에서 십성 해석은 직업·조직·가족 관계와 밀접하게 연결된다. 비견과 겁재의 작용은 협업과 경쟁 구도를 설명하는 데 유효하며, 식신과 상관은 창의성과 표현 방식, 재성은 자원 관리 능력과 현실 감각, 관성은 제도와 책임 수행 능력, 인성은 학습 능력과 정신적 지지 체계를 해석하는 기준이 된다. 이러한 관점은 십성을 개인의 성격 분석을 넘어, 사회적 기능 분석 도구로 확장시킨다.

십성 해석에서 빈번히 발생하는 오류는 특정 십성을 선악의 기준으로 단정하는 것이다. 그러나 명리학적 관점에서 십성에는 절대적인 길흉이 존재하지 않는다. 중요한 것은 각 십성이 제자리를 지키며 작동하는지 여부이며, 그 작동이 명식 전체의 균형을 유지하는 방향인지에 있다. 이는 명리학을 운명 결정론이 아닌, 구조 이해 학문으로 접근하게 만드는 핵심 원리이다.

본 장에서 정리한 십성의 구조적 이해는 이후 격국과 용신론을 해석하는 데 필수적인 전제가 된다. 십성을 관계와 기능의 언어로 해석할 때, 명리학은 개인의 삶을 규정하는 틀이 아니라, 삶의 선택과 방향을 설명하는 이론 체계로 자리 잡게 된다. 이러한 관점은 본서 전반에서 일관되게 유지되는 해석 기준임을 분명히 한다.

제3장

운명과 선택,
무엇이 삶을 움직이는가

●

명리를 처음 접하는 사람들이 가장 많이 던지는 질문이 있다.

"모든 것이 정해져 있다면, 내 선택은 무슨 의미가 있나요?"

이 질문은

명리를 믿느냐 믿지 않느냐의 문제가 아니라,

삶을 어떻게 이해하고 싶은가에 대한 질문이다.

이 장에서는

명리에서 말하는 '운명'과 우리가 흔히 사용하는 '선택'이라는 말이

어떤 관계에 놓여 있는지를 처음부터 차분히 정리한다.

1 | 명리가 말하는 운명은 '결과'가 아니다

일반적으로 운명이라고 하면
이미 정해진 결과를 떠올린다.
태어나기 전에 모든 것이 결정되어 있고,
그 흐름을 벗어날 수 없으며,
인간의 노력은 큰 의미가 없다는 생각,
이러한 인식 때문에
명리는 종종 '체념을 가르치는 학문'으로 오해받는다.

그러나 명리에서 말하는 운명은 결과가 아니라 조건에 가깝다.

- 어떤 기운을 가지고 태어났는지
- 어떤 환경과 시간 속에 놓이는지
- 어떤 반응을 반복하기 쉬운지

명리는 이 조건들을 설명할 뿐,
그 조건이 반드시 하나의 결말로 이어진다고 말하지 않는다.

2 | 사주가 말하는 것은 '가능성의 범위'다

사주에는
사람이 태어날 때의 기운의 배치가 담겨 있다.
이 배치는 그 사람이 어떤 방향으로 에너지를 쓰기 쉬운지를 보여 준다.

- 밀어붙이는 쪽이 편한 사람

- 돌아가더라도 안전을 택하는 사람

- 관계를 통해 성장하는 사람

- 혼자 결정하고 책임지는 사람

이 모든 것은 옳고 그름의 문제가 아니다.

다만 어떤 선택이 자연스럽게 반복되는가에 대한 설명이다.

사주는

"이 사람은 반드시 이렇게 살아야 한다."가 아니라

"이 사람은 이런 선택을 하기 쉽다."를 말한다.

3 | 선택이 완전히 자유롭다는 착각

우리는 흔히

자신의 선택이 전적으로 자유롭다고 생각한다.

그러나 조금만 돌아보면 비슷한 상황에서 비슷한 선택을

반복해 왔다는 사실을 쉽게 발견할 수 있다.

늘 같은 유형의 사람에게 끌리고 비슷한 방식으로 일을 시작하며

비슷한 이유로 지치고 후회한다.

명리는

이 반복을 설명하는 언어다.

선택은 자유롭지만, 그 자유는 완전히 무작위가 아니다.

명리는

자유의 한계를 말하기 위해 존재하는 학문이 아니라,

그 한계를 의식하게 만들기 위해 존재한다.

4 I 운은 '외부에서 주어지는 흐름'이다

명리에서 말하는 운(運)은 사람의 의지와는 별개로

주기적으로 바뀌는 환경과 조건을 뜻한다.

어느 시기에는 일이 잘 풀리고

어느 시기에는 관계가 막히며

어느 시기에는 몸과 마음이 동시에 무거워진다.

이 변화는 의지의 문제만으로 설명되지 않는다.

명리는

이 흐름을 시간의 언어로 정리한다.

중요한 점은 운이 좋고 나쁨을 단정하는 것이 아니라,

지금 어떤 성격의 흐름 속에 있는가를 파악하는 데 있다.

5 I 같은 운, 다른 결과가 나오는 이유

같은 시기에 비슷한 흐름을 겪으면서도 전혀 다른 결과를 만들어 내는
사람들이 있다.

그 차이는 어디서 생길까.

명리는 그 차이를 '기본 구조'와 '선택의 방향'에서 찾는다.

어떤 사람은 압박이 오면 정면으로 돌파하고

어떤 사람은 한 걸음 물러나 상황을 관망한다.

운은 외부 조건이지만,

그 조건에 어떻게 반응하는지는 각자의 구조에 따라 달라진다.

명리는

운이 인생을 지배한다고 말하지 않는다.

다만 운이 선택의 무게를 바꾼다고 말한다.

6 | 명리가 선택을 무의미하게 만들지 않는 이유

"어차피 운이 중요하다면, 노력은 왜 하나요?"

이 질문은 명리를 오해했을 때 나오는 자연스러운 반응이다.

명리는

노력을 부정하지 않는다.

오히려 노력이 작동하는 조건을 설명한다.

- 밀어붙여야 성과가 나는 시기
- 기다리는 편이 손해를 줄이는 시기
- 방향을 바꾸는 것이 최선인 시기

이 차이를 모르면 같은 노력도 전혀 다른 결과로 이어진다.

명리는

노력을 대신해 주지 않는다.

다만 헛된 노력을 줄여 준다.

7 | 운명을 안다는 것의 진짜 의미

운명을 안다는 것은 미래를 맞힌다는 뜻이 아니다.
그보다 중요한 것은
"지금 이 선택이 내 구조와 흐름에 맞는가?"를
스스로에게 묻는 능력을 갖게 되는 것이다.
이 질문을 던질 수 있게 되는 순간,
사람은 충동적인 선택에서 한 걸음 물러날 수 있다.

명리는
삶을 대신 살아 주지 않는다.
대신 삶을 바라보는 기준점을 제공한다.

8 | 이 장의 정리

이 장에서 기억해야 할 핵심은 세 가지다.
명리에서 말하는 운명은 결과가 아니라 조건이다.
선택은 자유롭지만, 완전히 무작위는 아니다.
운은 선택의 방향과 무게에 영향을 줄 뿐,
선택 자체를 대신하지 않는다.
이 세 가지를 이해하지 못하면 명리는 숙명론으로 보이기 쉽다.
이해하는 순간,
명리는 삶을 정리하는 도구가 된다.

9 I 다음 장으로 이어지는 질문

이제 다음 질문이 남는다.

그렇다면,

사람마다 다른 선택의 방식은 어디에서 비롯되는가?

다음 장에서는 명리의 가장 기본이 되는

기운과 성향의 구조, 즉 오행을

'외워야 할 이론'이 아니라

'사람을 이해하는 틀'로 풀어낸다.

운명과 선택, 무엇이 삶을 움직이는가 :
정해진 구조와 인간의 대응 사이

1 | 운명에 대한 가장 오래된 질문

인간은 오래전부터 자신의 삶이 이미 정해져 있는지,

아니면 스스로 만들어 가는지 질문해 왔다.

명리학 역시 이 질문에서 출발한다.

다만 명리학은 운명과 선택을 대립시키지 않고, 서로 다른 역할을 가진 요소로 구분한다.

2 | 명리에서 말하는 '운명'의 의미

명리에서 말하는 운명이란

피할 수 없는 결과를 의미하지 않는다.

사주 명식은

태어날 때 주어진 기본 구조와 조건을 보여 줄 뿐이며, 그 안에는 가능성과 한계가 함께 담겨 있다.

즉, 운명은

삶의 설계도가 아니라 출발점에 대한 정보에 가깝다.

3 | 선택은 어디에서 작동하는가

선택은 운명을 거부하는 힘이 아니라,

운명 안에서 방향을 조절하는 힘이다.

같은 사주라도

어떤 환경을 선택하고,

어떤 태도로 대응하는가에 따라 삶의 전개는 크게 달라진다.

명리학은

이 선택의 가능성이 어디에서, 어떻게 작동하는지를 설명한다.

4 | 운명과 선택의 관계 구조

운명과 선택의 관계를 다음과 같이 정리할 수 있다.

운명은 구조를 제공한다.

선택은 그 구조 안에서 작동한다.

결과는 구조와 대응의 합으로 나타난다.

이 관계를 이해하지 못할 때,

명리는 숙명론으로 오해되거나 반대로 무용한 학문으로 폄하된다.

5 | 삶을 움직이는 진짜 동력

삶을 실제로 움직이는 것은

운명 자체도, 선택 하나만도 아니다.

운명의 흐름을 인식하고 그에 맞게 선택하는 능력이 삶의 방향을 결정한다.

이 지점에서 명리학은

미래를 예언하는 도구가 아니라, 현실을 판단하는 기준이 된다.

6 ㅣ 운명과 선택의 작동 구조 정리

선택은 운명과 구조 위에서 작동하는 능동적 조절 장치이다.

명리에서 주어진 것은 바뀌지 않지만, 선택은 그 구조가 어떤 방향과 속도로 전개될 것인가를 결정한다.

1단계: 선택의 위치

선택은 운명과 결과 사이에 존재한다.

운명이 출발점이라면, 결과는 종착점이며

선택은 그 사이에서 경로를 결정하는 분기점이다.

2단계: 선택의 작동 방식

선택은 구조를 깨지 않고 해석을 바꾼다.

같은 사주, 같은 환경이라도

어떤 선택을 하느냐에 따라

활성화되는 요소와 소모되는 요소가 달라진다.

3단계: 선택과 성격의 상호 작용

선택은 성격의 영향을 받지만,

반대로 성격 또한 반복된 선택에 의해 강화되거나 수정된다.

즉, 선택은 단발적 행위가 아니라

성격을 재구성하는 누적 과정이다.

4단계: 선택의 한계

선택은 모든 것을 바꾸지는 못한다.

시기, 체력, 환경, 구조적 제약은 분명 존재한다.

명리는 이 한계를 인식하게 하여

무리한 선택을 줄이고

가능한 선택의 범위를 명확히 한다.

5단계: 선택과 책임

선택이 개입되는 순간

삶은 단순한 운명의 결과가 아니라

책임이 수반되는 과정이 된다.

이 지점에서 인간은

예측의 대상이 아니라

결정의 주체가 된다.

6단계: 명리 해석에서 선택의 의미

명리는 '무엇이 정해졌는가'를 말하는 학문이 아니라

'어디까지 선택할 수 있는가'를 밝히는 도구이다.

올바른 해석은

운명을 고정시키지 않고

선택의 질을 높이는 데 목적이 있다.

7단계: 선택이 삶에 남기는 흔적

선택은 즉각적인 결과보다

삶의 방향성에 더 큰 영향을 준다.

작은 선택의 반복이

결국 한 사람의 인생 궤적을 만든다.

7 I 명리 해석에서 선택을 고려하지 않을 때의 오류

운명만을 강조할 경우,

삶은 고정된 결말로 인식되며, 개인의 책임과 성장 가능성은 사라진다.

반대로 선택만을 강조할 경우,

명리 해석은 근거를 잃고 주관적 해석으로 흐르기 쉽다.

명리 해석의 균형은 운명과 선택을 동시에 고려할 때 유지된다.

8 I 제3장의 정리

명리학은 운명을 말하기 위해 선택을 배제하지 않으며,

선택을 설명하기 위해 운명을 무시하지도 않는다.

본 장에서 제시한 관점은

이후 대운·세운·삶의 전환점을 해석하는 데 있어 기본 전제가 된다.

제3장에서 사용된 주요 명리 용어들은 학술적으로 명확한 정의를 지니고 있다. 그러나 대중적 사용 과정에서 의미가 단순화되거나 왜곡되는 경우가 적지 않다.

학술 명리에서 용어는 단순한 명칭이 아니라 개념의 집약체이다. 따라서 용어의 정의를 정확히 이해하지 못하면 해석 전체가 흔들릴 수 있다. 예컨대 특정 용어가 길흉 판단의 기준으로만 사용될 경우, 그 본래의 구조적 의미는 사라지게 된다.

이 장에서 다룬 용어들은 이후 해석 전반에 반복적으로 등장한다. 독자는 각 용어를 단편적 의미가 아닌, 구조 속 기능으로 이해할 필요가 있다.

동일한 명식을 두 명의 해석자가 분석한다고 가정해 보자.

한 해석자는 단정적 결론을 내리고, 다른 해석자는 구조와 가능성 중심으로 해석한다.

첫 번째 해석은 당사자에게 불안과 고정된 인식을 심어 줄 수 있다. 반면 두 번째 해석은 선택의 여지를 남기며, 삶의 방향을 스스로 조정하도록 돕는다. 이는 해석자의 관점이 결과에 미치는 영향을 보여 주는 사례이다.

명리 해석은 단순한 정보 전달이 아니라, 해석자의 사고방식이 반영되는 행위임을 알 수 있다.

명리를 실제 상담이나 강의에 적용할 때에는 몇 가지 주의점이 필요하다.

첫째, 해석의 범위를 명확히 설정해야 한다.

둘째, 개인의 현실 조건과 심리 상태를 함께 고려해야 한다.

셋째, 명리를 선택의 참고 자료로 제시하되, 결정을 대신하지 않아야 한다.

이러한 원칙은 명리를 실천적 학문으로 유지하게 하는 최소한의 기준이다.

제3장 핵심 정리

육친(六親)의 구조와 인간 관계망 해석의 기준

육친은 명리학에서 인간의 삶을 구성하는 관계망을 해석하는 핵심 장치이다. 그러나 육친을 단순히 가족 구성원에 대응시키는 방식으로만 이해하면, 해석은 개인적·감정적 차원에 머물게 된다. 본 장에서 다룬 육친은 혈연 중심의 범주를 넘어, 인간이 사회 속에서 맺는 관계 구조 전반을 설명하는 기능적 개념으로 이해되어야 한다.

육친은 일간을 중심으로 형성되는 관계의 방향과 성격을 나타낸다. 부모·배우자·자식·형제라는 전통적 분류는 해석의 출발점일 뿐이며, 실제 명리 해석에서는 보호와 통제, 협력과 경쟁, 의존과 독립이라는 관계의 작용 방식이 핵심 기준이 된다. 따라서 육친은 특정 인물을 고정적으로 지칭하기보다, 삶의 국면마다 달라지는 관계의 역할을 설명하는 언어로 기능한다.

육친 해석의 핵심은 존재 여부가 아니라 작용의 방식에 있다. 특정 육친이 명식에 약하거나 드러나지 않는다고 해서 곧바로 관계의 부재나 불행을 의미하지는 않는다. 오히려 해당 관계가 어떤 방식으로 대체되거나 전환되어 작동하는지를 살피는 것이 중요하다. 이는 육친을 결핍의 개념이 아니라,

구조적 조합의 문제로 접근하게 한다.

　현대 사회에서 육친은 전통적 가족 관계를 넘어 조직, 사회적 역할, 인간관계 전반으로 확장되어 해석될 필요가 있다. 예컨대 부모성은 보호와 지도의 기능으로, 자식성은 결과와 성취의 개념으로, 배우자성은 협력과 균형의 관계로, 형제성은 동료와 경쟁자의 관계로 전환되어 읽힌다. 이러한 확장은 육친 해석을 개인사에 국한하지 않고, 사회적 관계 분석 도구로 활용 가능하게 만든다.

　육친 해석에서 흔히 발생하는 오류는 특정 관계의 좋고 나쁨을 단정하는 데 있다. 그러나 명리학적 관점에서 중요한 것은 관계의 존재 자체가 아니라, 그 관계가 명식 전체 구조 속에서 균형을 이루는지 여부이다. 동일한 육친 구조라도 환경과 선택에 따라 전혀 다른 삶의 양상으로 나타날 수 있으며, 이는 명리 해석이 고정된 결론이 아니라 변화 가능한 구조 분석임을 보여 준다.

　본 장에서 정리한 육친의 구조적 이해는 이후 격국과 대운·세운 해석으로 이어지는 중요한 연결 고리이다. 육친을 관계의 명칭이 아닌 기능의 체계로 인식할 때, 명리학은 개인의 사적 관계를 넘어서 삶의 전반적 관계망을 해석하는 학문으로 확장된다. 이러한 관점은 본서의 해석 전반을 지탱하는 핵심 기준임을 분명히 한다.

제4장

오행은 외워야 할
이론이 아니라,
사람을 이해하는 틀이다

오행은 외워야 할 이론이 아니라, 사람을 이해하는 틀이다.

명리를 처음 배우는 사람들 대부분은 오행을 만나는 순간 멈칫한다.

목(木)·화(火)·토(土)·금(金)·수(水).

다섯 글자는 단순하지만, 설명은 갑자기 복잡해진다.

- 생(生)한다.

- 극(剋)한다.

- 설기(洩氣)한다.

이때부터 명리는

'사람을 이해하는 학문'이 아니라

'외워야 하는 이론'처럼 느껴진다.

그러나 오행은 암기 대상이 아니다.

오행은 사람을 바라보는 관점이다.

이 장에서는

오행을 공식이나 관계도가 아닌,

삶의 태도와 반응 방식으로 풀어 본다.

1 l 오행은 물질이 아니라 '움직임'이다

오행을

나무(木), 불(火), 흙(土), 금속(金), 물(水)이라는

물질로 이해하면 곧바로 한계에 부딪힌다.

명리에서의 오행은 사물이 아니라 움직임의 성질이다.

> • 목(木): 뻗어 나가려는 힘
>
> • 화(火): 드러내고 표현하려는 힘
>
> • 토(土): 묶고 조율하려는 힘
>
> • 금(金): 정리하고 자르려는 힘
>
> • 수(水): 받아들이고 저장하려는 힘

이 다섯 가지는 누구에게나 모두 존재한다.

다만 어느 움직임이 더 자주, 더 강하게 쓰이는가가

사람마다 다를 뿐이다.

2 l 성격은 오행의 비율로 만들어진다

사람의 성격은

단 하나의 오행으로 설명되지 않는다.

> • 추진력은 강하지만 마무리가 약한 사람
>
> • 말은 적지만 내면이 깊은 사람
>
> • 관계는 넓지만 중심이 흔들리는 사람

이 차이는

'성격이 좋다, 나쁘다'의 문제가 아니라 오행의 비율과 균형의 문제다.

어떤 오행이 많으면

그 방향의 선택이 자연스러워지고,

어떤 오행이 약하면

그 방향의 선택은 부담이 된다.

명리는

이 부담과 자연스러움을 언어로 설명하는 학문이다.

3 ㅣ 목(木): 시작과 가능성의 기운

목의 기운이 강한 사람은 무언가를 시작하는 데 두려움이 적다.

아이디어를 떠올리고 방향을 먼저 제시하며 아직 완성되지 않아도 움직
인다.

이들은 '시작하지 않으면 답답한 사람'이다.

반면 목의 기운이 약한 사람은

시작 자체가 부담이 될 수 있다.

준비가 충분해야 움직이고 방향이 명확하지 않으면 망설인다.

목은 옳고 그름의 문제가 아니라 시작에 대한 태도다.

4 ㅣ 화(火): 표현과 확장의 기운

화의 기운은 드러냄과 표현에 가깝다.

말로 설명하고 감정이 얼굴에 드러나며 성과를 공유하고 싶어 한다.

화가 강한 사람은

자신의 존재를 공간 속에 남긴다.

반대로 화가 약한 사람은

표현보다는 내실을 택한다.

말수가 적고 주목받는 자리를 피하며 혼자 정리하는 시간이 필요하다

화의 많고 적음은

사교성의 문제가 아니라 에너지를 밖으로 쓰는 방식의 차이다.

5 | 토(土): 조율과 책임의 기운

토의 기운은

중간에서 균형을 맞춘다.

사람과 사람 사이를 잇고 흐름을 정리하며

책임을 떠안는 역할을 한다.

토가 강한 사람은

자연스럽게 중심이 된다.

그러나 토가 과하면 모든 것을 떠맡으려 하다

지치기 쉽다.

토가 약한 사람은

관계 속에서 자기 몫을 설정하는 데 어려움을 겪을 수 있다.

토는

안정의 기운이지만, 과하면 정체가 된다.

6 | 금(金): 판단과 결단의 기운

금의 기운은
정리와 판단에 가깝다.
불필요한 것을 잘라 내고 기준을 세우며 결과에 책임을 진다.
금이 강한 사람은 결단이 빠르다.

반면 금이 약한 사람은 결정을 미루거나 관계를 끊는 데 큰 부담을 느낀다.
금(金)은
차가움이 아니라 선택의 명확함이다.

7 | 수(水): 축적과 통찰의 기운

수의 기운은
겉으로 드러나지 않는다.
오래 생각하고 조용히 관찰하며 정보를 안에 쌓는다

수가 강한 사람은
말보다 이해가 먼저다.

반대로 수가 약한 사람은
기다림이 답답하고 즉각적인 반응을 선호한다.

수(水)는

느림이 아니라 깊이의 방식이다.

8 | 오행의 불균형이 만드는 오해

사람들은 종종

자신과 다른 오행의 사람을 이해하지 못한다.

"왜 이렇게 느려?"

"왜 말이 없어?"

"왜 결정을 못 해?"

그러나 이는 능력의 문제가 아니라 기운의 사용 방식 차이다.

명리는

이 차이를 비난이 아닌 이해로 바꾼다.

9 | 오행을 알면 관계가 달라진다

상대를 바꾸려 애쓰기보다

그 사람이

어떤 기운을 주로 쓰는지를 알면 관계의 긴장이 줄어든다.

- 설득해야 할 사람인지
- 기다려야 할 사람인지
- 맡겨야 할 사람인지

오행은

관계를 계산하는 도구가 아니라 관계를 부드럽게 만드는 언어다.

10 ㅣ 이 장의 정리

이 장에서 꼭 기억해야 할 점은 세 가지다.

오행은 물질이 아니라 움직임의 성질이다.

성격은 오행의 많고 적음에서 나온다.

오행의 차이는 우열이 아니라 방식의 차이다.

오행을 이해하는 순간,

사람은 평가의 언어에서 이해의 언어로 이동한다.

11. 다음 장으로 이어지는 질문

이제 이런 질문이 남는다.

그렇다면 이 오행의 비율은 언제, 어떻게 변하는가?

다음 장에서는

사주와 운의 관계를 통해

사람이 왜 어떤 시기에는 달라지는 것처럼 보이는지 그 구조를 살펴본다.

움직임과 관계를 읽는 언어

1 ㅣ 오행이 어렵게 느껴지는 이유

오행은 명리학의 가장 기초이자 핵심이지만,
동시에 가장 어렵게 느껴지는 영역이기도 하다.
그 이유는 오행을 '외워야 할 분류표'로 접근하기 때문이다.
목·화·토·금·수라는 다섯 글자를 암기해도 삶의 해석으로 연결되지 않으면
오행은 곧 잊히는 지식이 된다.

2 ㅣ 오행은 성질이 아니라 '움직임'이다

오행은 고정된 성격표가 아니다.
각각은 움직임의 방향과 작동 방식을 나타낸다.

- 목은 확장하고 성장하려는 움직임
- 화는 발산하고 드러내는 움직임
- 토는 조정하고 흡수하는 움직임
- 금은 수렴하고 정리하는 움직임
- 수는 저장하고 준비하는 움직임

이렇게 이해할 때
오행은 외울 대상이 아니라 관찰의 언어가 된다.

3 | 오행은 단독으로 해석되지 않는다

오행은 언제나

서로 영향을 주고받는 관계 속에서 작동한다.

생(生)과 극(剋)은 단순한 상생·상극의 개념이 아니라,

움직임의 흐름과 제어를 설명하는 구조이다.

따라서 오행을 해석할 때는 개별 성질보다 균형과 흐름을 먼저 살펴야 한다.

4 | 오행을 외우면 생기는 대표적 오류

오행을 암기 위주로 배울 경우

다음과 같은 오류가 반복된다.

- 특정 오행을 좋고 나쁨으로 단정함
- 많고 적음만으로 길흉을 판단함
- 환경과 맥락을 배제한 해석

이러한 방식은 명리를 단순화시키고 해석의 깊이를 제한한다.

5 | 오행은 삶의 장면에서 읽혀야 한다

오행은 사주 명식 안에서만 존재하지 않는다.

- 사람의 말투

- 행동 방식
- 선택의 방향
- 환경에 대한 반응

이 속에서 오행의 움직임은 끊임없이 드러난다.

즉, 오행은 책 속의 개념이 아니라 삶의 현장에서 관찰되는 패턴이다.

6 I 초보자를 위한 오행 이해 구조.

오행을 '암기 대상'이 아니며

오행은 지식이 아니라, 삶에서 관찰되는 구조다.

오행은 책 속에 갇힌 이론이 아니다.

목·화·토·금·수는 외워야 할 다섯 글자가 아니라,

삶의 현장에서 반복적으로 관찰되는 움직임의 패턴이다.

사람의 말과 행동, 관계의 전개, 일의 시작과 마무리, 감정의 고조와 진정까지, 이 모든 과정 속에는 언제나 일정한 흐름이 존재한다.

오행은 바로 그 흐름을 설명하는 구조 언어다.

1단계: 오행은 '성격 분류'가 아니다

많은 사람들이 오행을

"나는 목형 인간이다.", "저 사람은 화가 강하다."처럼

고정된 성격 분류로 오해한다.

그러나 오행은 사람을 규정하기 위한 틀이 아니라,

사람이 움직이는 방식을 읽기 위한 지도다.

사람은 상황에 따라

시작할 때는 목처럼 움직이고

표현할 때는 화처럼 드러나며

조율할 때는 토로 균형을 잡고

판단할 때는 금으로 정리하며

멈추고 준비할 때는 수로 돌아간다.

즉, 모든 사람 안에는 다섯 가지 움직임이 모두 존재한다.

2단계: 오행은 '순환'이 아니라 '작동'이다

오행을 설명할 때 흔히

'목 → 화 → 토 → 금 → 수 → 다시 목'

이라는 순환 그림을 떠올린다.

하지만 실제 삶에서 중요한 것은

순서가 아니라 지금 어떤 움직임이 작동 중인가다.

- 지금 이 사람은 확장하려는가? (목)
- 표현이 과한가, 에너지가 터져 나오는가? (화)
- 조정과 관리가 필요한 시점인가? (토)
- 결단하고 정리해야 할 국면인가? (금)
- 멈추고 쌓고 회복해야 하는가? (수)

오행은 돌아가는 바퀴가 아니라

상황을 읽는 렌즈다.

3단계: 삶의 모든 국면은 오행으로 읽힌다

오행은 사주에만 쓰이지 않는다.

사람을 다루는 모든 영역에서 동일하게 작동한다.

- 관계가 갑자기 빠르게 가까워질 때 → 목·화 과다
- 말이 많아지고 감정이 앞설 때 → 화 우세
- 조직이나 가정이 복잡해질 때 → 토의 부재
- 지나친 비판과 단절이 반복될 때 → 금 과다
- 무기력, 회피, 정체가 길어질 때 → 수 과다 또는 수 고립

이렇게 오행은
'좋다/나쁘다'를 판단하는 기준이 아니라
어디에서 막히고, 어디에서 과해졌는지를 알려 주는 신호다.

4단계: 오행을 알면 해석이 쉬워지는 이유

오행을 외우지 않아도 되는 이유는 간단하다.
사람과 상황을 보면, 오행은 스스로 드러나기 때문이다.

- 말이 앞서는지
- 행동이 먼저인지
- 정리가 안 되는지
- 결단이 빠른지
- 아니면 멈춰 있는지

이 관찰만 가능해지면
사주 해석, 인간 이해, 삶의 방향 설정은
자연스럽게 연결된다.

오행은 학문이 아니라 관찰의 기술이다.

7 ㅣ 오행을 이해하면 해석이 쉬워지는 이유

오행을 움직임으로 이해하면
십신과 용신, 대운 해석이 자연스럽게 연결된다.
개념을 외우지 않아도
사람과 상황을 관찰하는 것만으로 해석의 방향이 잡히기 때문이다.

8 ㅣ 제4장의 정리

오행은 외워야 할 이론이 아니다.
삶의 흐름을 읽기 위한 기본 언어이자 관찰의 틀이다.
본 장에서 명시한 관점은 이후 십신과 대운을 이해하는 데 있어 핵심 전제가 된다.

제4장 A. 이론 심화: 제4장의 개념 확장

제4장에서 다룬 이론은 명리 구조 해석의 중추에 해당한다. 이 개념은 단독으로 존재하지 않으며, 다른 요소들과 결합될 때 비로소 해석적 힘을 갖는다.

학술 명리에서는 이 개념을 고정된 판단 기준으로 사용하지 않는다. 오히려 변화의 흐름 속에서 어떻게 작용하는지를 관찰하는 데 초점을 둔다. 이는 명리를 정적인 학문이 아닌 동적인 해석 체계로 만든다.

한 인물의 삶을 장기적인 흐름 속에서 관찰하면, 일정한 시점을 기준으로 선택과 환경이 크게 달라지는 구간이 나타난다. 이러한 전환점은 우연처럼 보이지만, 명리 구조의 관점에서는 일정한 흐름의 축적 결과로 이해할 수 있다.

가상의 한 사례를 살펴보자. 이 인물은 젊은 시절 비교적 안정적인 환경 속에서 성장하였으나, 중년기에 접어들며 직업적·관계적 변화가 동시에 발생한다. 외부에서는 이를 갑작스러운 위기로 인식하지만, 명리적 관점에서 보면 이미 이전 단계부터 변화의 신호가 축적되어 있었다고 볼 수 있다.

중요한 점은 이러한 변화의 시점이 삶의 몰락을 의미하지 않는다는 것이다. 동일한 흐름 속에서도 어떤 선택을 하느냐에 따라 결과는 전혀 다른 방향으로 전개될 수 있다. 변화의 시기를 재정비의 기회로 삼은 경우, 오히려 이후 삶의 안정성과 만족도가 높아지는 사례도 적지 않다.

이 사례는 명리가 특정 사건의 발생 여부를 예언하는 도구가 아니라, 변화의 흐름을 이해하고 대비하도록 돕는 해석 도구임을 보여 준다. 삶의 전환점은 운에 의해 강제되는 것이 아니라, 흐름 속에서 선택을 통해 완성된다.

제4장 C. 해석 적용을 위한 점검 기준

제4장에서 다룬 이론을 실제 해석에 적용할 때에는 몇 가지 점검 기준이 필요하다.

첫째, 해당 개념이 명식 전체 구조 속에서 어떤 위치를 차지하는지를 먼저 확인해야 한다. 단일 요소만을 강조할 경우 해석의 균형이 무너질 수 있다.

둘째, 흐름의 변화는 반드시 시간 축 위에서 분석되어야 한다. 정적인 상태만을 기준으로 판단하면, 변화의 맥락을 놓치기 쉽다. 명리는 순간의 판단이 아니라 과정의 이해를 전제로 하는 학문이다.

셋째, 해석의 결과는 가능성의 범위로 제시되어야 한다. 특정 시기를 단정적으로 규정하거나, 결과를 예언하는 방식은 학술 명리의 취지와 맞지 않는다. 해석은 항상 선택의 여지를 남겨 두어야 하며, 해석자 스스로도 그 한계를 인식해야 한다.

이러한 점검 기준은 제4장의 이론을 보다 안정적으로 적용하기 위한 최소한의 장치이다. 이를 통해 명리는 개인의 삶을 제한하는 도구가 아니라, 이해와 성찰을 돕는 학문으로 기능할 수 있다.

제4장 핵심 정리

격국(格局)의 구조와 명식 해석의 기준

격국은 명리 해석에서 명식 전체의 방향성과 성격을 판단하는 핵심 개념이다. 그러나 격국을 특정 유형으로 단정하거나 이름에 집착할 경우, 해석은 형식에 매몰되어 실제 구조를 놓치기 쉽다. 본 장에서 다룬 격국은 분류를 위한 명칭이 아니라, 명식이 작동하는 중심 질서와 우선 원리를 파악하기 위한 구조적 기준으로 이해되어야 한다.

격국은 일간을 둘러싼 오행과 십성의 배치가 어떤 흐름을 형성하는지를 종합적으로 판단한 결과이다. 이는 특정 성분의 강약을 단순 비교하는 작업이 아니라, 명식 전체가 하나의 방향성을 갖고 움직이는지를 살피는 과정이다. 따라서 격국은 고정된 공식이 아니라, 구조를 읽어 내는 해석의 틀로 기능한다.

격국 해석의 핵심은 '성립 여부'가 아니라 안정성과 일관성에 있다. 격이 성립하더라도 구조가 불안정하면 실제 삶에서는 그 기능이 제대로 발현되지 않으며, 반대로 격의 명칭이 분명하지 않더라도 구조가 조화로우면 현실 적응력이 높게 나타난다. 이 점에서 격국은 결과를 예단하는 도구가 아니라, 가능성과 방향을 진단하는 기준으로 활용되어야 한다.

격국을 해석할 때 빈번히 발생하는 오류는 단일 격국만을 강조하거나, 복합 구조를 무리하게 하나로 귀속시키는 것이다. 실제 명식에서는 하나의 격이 순수하게 유지되기보다, 여러 작용이 중첩되며 현실적 조건에 맞게 변형된다. 그러므로 격국은 고정된 틀이 아니라, 상황에 따라 조정되는 중심축으로 이해하는 것이 타당하다.

현대 명리 해석에서 격국의 의미는 더욱 확장된다. 전통 사회에서의 격국이 신분과 역할을 설명하는 데 중점을 두었다면, 현대 사회에서는 개인의 직업 선택, 사회 적응 방식, 삶의 전략을 해석하는 기준으로 기능한다. 이러한 관점은 격국을 운명 규정의 장치가 아니라, 선택과 방향 설정의 참고 구조로 재정립하게 만든다.

본 장에서 정리한 격국의 구조적 이해는 이후 용신론과 대운·세운 해석으로 자연스럽게 연결된다. 격국을 명식의 중심 질서로 파악할 때, 용신은 그 질서를 유지하거나 보완하는 역할로 이해되며, 운의 흐름 또한 구조적 변화의 과정으로 해석된다. 이러한 연계적 관점은 본서 전반의 해석을 일관되게 지탱하는 중요한 기준임을 분명히 한다.

제5장

왜 사람은 어떤 시기에
달라지는 것처럼 보일까

●

사주와 운이 작동하는 방식

사람을 오래 지켜보다 보면 이런 말을 하게 된다.

"저 사람, 예전이랑 완전히 달라졌어."

"원래 저런 사람이 아니었는데….."

하지만 정말로 사람이 바뀐 걸까?

아니면 다른 부분이 더 강하게 드러나고 있는 걸까?

명리는 이 질문에

"사람이 변했다."라고 답하지 않는다.

대신 이렇게 말한다.

같은 사람이지만,

지금 작동하는 기운이 달라졌을 뿐이다.

이 장에서는

사주와 운이 어떻게 만나는지, 그리고 왜 어떤 시기에는

전혀 다른 사람처럼 보이게 되는지를 차분히 풀어 간다.

1 | 사주는 '고정값', 운은 '가변값'이다

명리를 이해하는 가장 쉬운 출발점은
사주와 운을 역할로 나누어 보는 것이다.

> • 사주: 태어날 때 주어진 기본 구조
> • 운: 시간이 지나며 바뀌는 환경과 조건

사주는
사람의 기본 성향, 반응 방식, 에너지 사용 습관을 담고 있다.
반면 운은
그 사주가 어떤 상황에서, 어떤 부분이 강조되는지를 바꾼다.
즉, 사주는 변하지 않지만 사주가 쓰이는 방식은 변한다.

2 | 변하는 것은 '성격'이 아니라 '우선순위'다

사람이 달라 보일 때,
실제로 변하는 것은 성격 자체가 아니다.
변하는 것은 그 사람이 무엇에 반응하고 무엇을 가장 먼저 선택하게 되
는가,
즉 우선순위다.
어떤 시기에는 성과가 최우선이 되고
어떤 시기에는 관계가 전부처럼 느껴지며
어떤 시기에는 혼자 버티는 것이 가장 중요해진다.
이 우선순위의 변화가 사람을 전혀 다르게 보이게 만든다.

명리는 이 변화를 '운의 작용'으로 설명한다.

3 | 운은 새로운 성격을 만들지 않는다

중요한 오해가 하나 있다.
운이 바뀌면
전혀 다른 사람이 된다고 생각하는 것이다.
그러나 운은
없는 성향을 만들어 내지 않는다.
다만 원래 있던 성향 중 하나를 전면으로 끌어올릴 뿐이다.
말수가 적던 사람이 특정 시기에 갑자기 말을 많이 하게 되고
신중하던 사람이 어느 시기에는 과감해 보이기도 한다.
이는 변화가 아니라 강조의 이동이다.

명리는
이 이동을 시간의 흐름 속에서 읽는다.

4 | 왜 같은 시기에 다르게 반응할까

같은 해, 같은 달을 보내면서도
사람마다 전혀 다른 반응을 보인다.

- 어떤 사람은 기회로 받아들이고
- 어떤 사람은 위기로 느끼며
- 어떤 사람은 아무 일도 아닌 듯 지나간다.

그 이유는 간단하다.

운은 모두에게 동일하게 흐르지 않는다.

각자의 사주 구조에 따라 부딪히는 지점이 다르기 때문이다.

같은 바람이라도 돛의 방향에 따라 배가 가는 곳은 달라진다.

5 | 운은 선택을 대신하지 않는다

명리는

운이 인생을 결정한다고 말하지 않는다.

운은 선택의 난이도를 바꿀 뿐이다.

어떤 시기에는 평소보다 훨씬 쉽게 결정이 내려지고

어떤 시기에는 작은 선택에도 큰 부담이 따른다.

이때 중요한 것은

'맞는 선택'을 찾는 것이 아니라 지금의 무게를 인식하는 것이다.

무거운 시기에는 속도를 줄이는 것이 선택이고,

가벼운 시기에는 과감해지는 것이 선택이 된다.

6 | 힘든 시기는 잘못된 인생이 아니다

운이 막히는 시기를 겪으면 사람은 쉽게 자신을 의심한다.

'내가 잘못 살았나?'

'방향을 틀어야 하나?'

'이 길이 아닌가?'

하지만 명리에서 힘든 시기는 실패의 증거가 아니다.

그 시기는

정리해야 할 것이 많거나

속도를 줄여야 하거나

방향 점검이 필요한 때일 가능성이 크다

운은 벌이 아니라 조정의 신호에 가깝다.

7 ㅣ 좋은 운에도 주의가 필요한 이유

반대로

운이 좋다고 느껴지는 시기에도 주의는 필요하다.

일이 쉽게 풀리고 사람들이 모이고 결과가 빠르게 나온다.

이때 사람은 자신의 한계를 잊기 쉽다.

명리는

좋은 운을 무조건적인 축복으로 보지 않는다.

좋은 운은 확장에 유리한 시기일 뿐,

확장의 방향이 잘못되면 후반의 부담이 커질 수 있다.

8 ㅣ 운을 안다는 것의 실질적인 도움

운을 안다는 것은 날짜를 맞히거나 사건을 예언하는 일이 아니다.

가장 현실적인 도움은 이것이다.

• 지금 무리해도 되는지

- 지금은 버텨야 하는지
- 지금 바꾸는 것이 좋은지

이 판단의 기준이 생긴다.

명리는
정답을 주지 않는다.
다만 판단의 프레임을 제공한다.

9 I 사주와 운은 경쟁 관계가 아니다

사주와 운을 서로 대립되는 개념으로 오해하는 경우가 많다.
"사주가 좋아도 운이 나쁘면 끝이다."
"운이 좋으면 사주는 상관없다."
명리는 이렇게 말하지 않는다.

사주는
운을 받아들이는 그릇이고,
운은
그 그릇에 들어오는 물의 흐름이다.
그릇의 모양에 따라 같은 물도 전혀 다르게 담긴다.

10 I 이 장의 정리

이 장에서 기억해야 할 핵심은 네 가지다.

- 사주는 고정된 구조이고, 운은 변하는 조건이다.
- 변하는 것은 성격이 아니라 우선순위다.
- 운은 선택을 대신하지 않고, 선택의 무게를 바꾼다.
- 힘든 시기는 실패가 아니라 조정의 신호다.

이 네 가지를 이해하면
사람의 변화가
두렵지 않게 보이기 시작한다.

11 ㅣ 다음 장으로 이어지는 질문

이제 다음 질문이 자연스럽게 떠오른다.

그렇다면,
이 운의 흐름 속에서 내가 반복해서 흔들리는 지점은 무엇인가?
다음 장에서는 사주를 통해
사람마다 다른 취약 지점과 강점이 드러나는 구조,
즉 '왜 어떤 문제는 계속 반복되는가'를 다룬다.

성격의 변화가 아니라 작동 환경의 변화

1 ㅣ 사람은 정말 변하는가

우리는 흔히 "사람이 변했다."라고 말한다.

어느 시기를 지나며 성격이 달라진 것처럼 보이거나,

과거와 전혀 다른 선택을 하는 모습을 보며 이런 표현을 사용한다.

그러나 명리학의 관점에서 보면 사람이 근본적으로 변한다기보다,

작동하는 환경과 조건이 달라졌다고 보는 편이 정확하다.

2 ㅣ 변화를 만드는 것은 '시기'이다

사주 명식은

개인의 기본 성향과 구조를 보여 주지만,

그 구조가 언제 어떻게 드러나는가는 시기(運)에 따라 달라진다.

즉, 같은 사람이라도 어떤 시기에는 드러나지 않던 성향이

특정 시점에 강하게 표면화될 수 있다.

이로 인해 사람이 변한 것처럼 인식되는 것이다.

3 ㅣ 명리에서 말하는 '시기의 힘'

명리학에서 시기란

단순히 시간이 흐른다는 의미가 아니다.

대운과 세운은 개인의 명식과 만나
특정 성향을 강화하거나 억제하는 역할을 한다.
이 과정에서
말수가 늘거나 줄고 적극성이 커지거나 위축되며
관계 방식이 달라지는 현상이 나타난다.
이는 성격 변화라기보다 환경에 대한 반응 양식의 변화이다.

4 ㅣ 왜 같은 사람인데 전혀 다르게 보이는가

사람은
항상 같은 모습으로만 살아가지 않는다.
명식 안에는
여러 가능성이 동시에 존재하며, 어느 요소가 작동하느냐에 따라
전혀 다른 면이 전면에 등장한다.
따라서 특정 시기의 변화는 본래 없던 성향이 생긴 것이 아니라,
잠재되어 있던 요소가 활성화된 결과라 할 수 있다.

5 ㅣ 변화를 이해하지 못할 때 생기는 오해

시기 변화를 이해하지 못하면 다음과 같은 오해가 발생한다.
"원래 저런 사람이 아니었는데."
"사주가 틀렸다."
"명리는 맞지 않는다."
그러나 이는 명리 자체의 문제가 아니라 시기 해석을 생략한 판단에서
비롯된다.

선택은 자유가 아니라 '작동 조건' 위에서 이루어진다.

사람은 스스로 선택한다고 믿는다.

그러나 실제 삶에서의 선택은 언제나 조건 위에서만 가능하다.

명리는 이 선택의 옳고 그름을 판단하지 않는다.

다만, 어떤 조건에서 어떤 선택이 더 자주 발생하는가를 구조로 설명할 뿐이다.

우리는 흔히 "그 사람이 변했다."라고 말한다.

하지만 명리의 관점에서 보면 변한 것은

'사람'이 아니라 사람을 작동시키는 조건인 경우가 훨씬 많다.

1단계: 선택은 성격이 아니라 구조에서 나온다

선택은 의지의 결과처럼 보이지만

그 이면에는 항상 다음의 구조가 존재한다.

- 타고난 기본 성향
- 시기별로 활성화되는 요소
- 외부 환경의 자극
- 그 자극을 해석하는 사고방식

이 네 가지가 겹치는 지점에서 비로소 하나의 선택이 만들어진다.

즉, 선택은 '결단'이 아니라 구조의 결과물이다.

2단계: 같은 사람, 다른 선택이 나타나는 이유

어떤 시기에는 과감하고

어떤 시기에는 유난히 조심스러워진다.

이것은 모순이 아니다.

명리 구조상 강조점이 이동했기 때문이다.

책임이 강조되는 시기에는 신중함이 드러나고

확장이 강조되는 시기에는 행동이 앞서며

관계가 부각되는 시기에는 감정이 선택을 주도한다.

사람이 달라진 것이 아니라 선택을 이끄는 중심축이 달라진 것이다.

3단계: 자유 의지는 '선택 범위'로 존재한다

명리는 숙명을 말하지 않는다.

명리가 말하는 것은 선택 가능한 범위다.

어떤 시기에는 선택지가 넓어지고,

어떤 시기에는 선택지가 급격히 줄어든다.

어떤 시기에는 선택 자체가 부담이 된다.

자유 의지는 항상 존재하지만

그 자유는 무한하지 않다.

우리는

'무엇이든 선택할 수 있는 자유'가 아니라

'지금 가능한 것 중에서 선택하는 자유'를 가진다.

4단계: 잘못된 선택이 아니라, 맞지 않는 시기

많은 사람들은

과거의 선택을 후회한다.

그러나 대부분의 경우

그 선택은 잘못된 것이 아니라

시기와 구조에 비해 과도했거나 부족했을 뿐이다.

명리는 이 지점을 짚어 낸다.

지금의 실패는 판단 미스가 아니라

작동 조건을 고려하지 않은 선택일 수 있다.

이 인식이 생기는 순간

사람은 자신을 덜 자책하게 된다.

5단계: 선택을 바꾸는 가장 현실적인 방법

사람을 바꾸려 하면 실패한다.

그러나 조건을 조정하면 선택은 자연히 달라진다.

환경을 바꾸면 판단 기준이 바뀌고

관계를 바꾸면 감정의 흐름이 달라지며

시기를 이해하면 무리한 선택을 피하게 된다.

명리는 사람을 통제하지 않는다.

다만, 선택이 만들어지는 구조를 드러낼 뿐이다.

6단계: 이 장의 핵심 정리

사람은 변하지 않는다.

선택을 만드는 조건이 변할 뿐이다.

자유 의지는 구조 안에서 작동한다.

이해는 후회를 줄이고, 판단은 선택을 안정시킨다.

선택을 이해하는 순간

삶은 통제의 대상이 아니라

조율의 대상이 된다.

7 | 시기를 알면 삶이 이해된다

사람의 변화는

무작위로 일어나지 않는다.

어떤 시기에 어떤 기운이 작동하는지를 이해하면,

자신과 타인의 변화 역시 보다 객관적으로 받아들일 수 있다.

이 지점에서 명리학은

사람을 평가하는 도구가 아니라, 이해하고 조율하는 도구가 된다.

8 | 제5장의 정리

사람은 쉽게 변하지 않는다.

다만, 시기에 따라 다르게 작동할 뿐이다.

본 장에서 다룬 관점은

이후 대운·세운·전환점을 해석하는 데 있어 핵심적인 기초가 된다.

제5장에서 다룬 핵심 논지는 명리 해석에서 '균형'이 갖는 학술적 의미이다. 균형은 단순히 오행의 수적 분포를 맞추는 문제가 아니라, 전체 구조가 무리 없이 작동하는지를 판단하는 기준에 가깝다. 특정 요소가 강하다는 사실 자체보다, 그 강함이 다른 요소와 어떤 관계를 맺고 있는지가 중요하다.

학술 명리에서 균형은 정적인 상태가 아니다. 오히려 변화 속에서 과도한 쏠림을 조정하는 역동적 개념으로 이해된다. 따라서 균형 판단은 항상 시간의 흐름과 구조의 맥락을 함께 고려해야 한다.

이러한 관점은 명리를 획일적인 기준에서 벗어나게 하며, 개별 명식의 특수성을 존중하는 해석으로 이어진다.

가상의 한 인물은 특정 시기에 강한 성취를 이루지만, 동시에 삶의 다른 영역에서는 불균형이 누적된다. 외형적 성공만을 기준으로 보면 긍정적인 시기로 보이지만, 구조적으로는 부담이 집중되는 구간일 수 있다.

이 인물은 이후 의도적인 선택을 통해 삶의 속도를 조절하고, 역할과 책임을 재배치함으로써 균형을 회복한다. 그 결과 단기 성과는 다소 줄어들지만, 장기적으로는 안정성과 지속 가능성이 높아진다.

이 사례는 명리 해석에서 균형 판단이 왜 중요한지를 잘 보여 준다.

제5장의 이론을 실제 해석에 적용할 때에는 몇 가지 기준이 필요하다. 첫째, 특정 요소의 강약을 절대화하지 않는다. 둘째, 현재의 상태만이 아니라 변화의 방향을 함께 살핀다. 셋째, 균형 판단을 통해 삶의 조정 가능성을 제시하되, 결과를 단정하지 않는다.

이 기준은 명리를 삶의 관리 도구로 활용하기 위한 최소한의 조건이다.

제5장 핵심 정리

용신론(用神論)의 구조와 균형 판단의 기준

용신론은 명리 해석에서 명식의 균형을 회복하고 유지하기 위한 핵심 이론이다. 그러나 용신을 단순히 '부족한 오행을 채우는 개념'으로 이해할 경우, 해석은 피상적인 보완 논리에 머물게 된다. 본 장에서 다룬 용신론은 결핍을 메우는 기술이 아니라, 명식 전체의 작동 질서를 안정화하는 구조 판단 기준으로 이해되어야 한다.

용신은 특정 오행이나 십성을 고정적으로 지칭하는 개념이 아니다. 그것은 명식이 현재의 상태에서 가장 필요로 하는 조율의 기능을 의미한다. 따라서 용신은 명식의 강약 판단 결과로 자동 도출되는 값이 아니라, 구조 분석을 통해 선택되는 해석의 기준점이다. 이 과정에서 중요한 것은 어느 요소를 더 하는가가 아니라, 어떤 작용이 질서를 회복시키는가이다.

용신 판단에서 가장 중요한 기준은 명식의 흐름과 일관성이다. 강한 명식에는 억제와 조절의 기능이, 약한 명식에는 보호와 보완의 기능이 요구된다. 그러나 이러한 구분 역시 절대적 기준이 아니라, 명식 전체가 하나의 방향성을 유지하는지를 기준으로 재검토되어야 한다. 동일한 강약 구조라 하더라도, 용신의 설정에 따라 삶의 전개 방식은 전혀 다르게 나타난다.

용신론 해석에서 흔히 발생하는 오류는 단일 용신에 집착하거나, 특정 오행을 만능 해법으로 적용하는 것이다. 실제 명식에서는 용신이 하나의 고정 요소로 작동하기보다, 환경과 운의 변화에 따라 그 역할이 조정되거나 보조 용신과 함께 작동하는 경우가 많다. 따라서 용신은 결과를 확정하는 결론이 아니라, 상황에 따라 유연하게 적용되는 해석 기준으로 이해되어야 한다.

　　현대 명리학에서 용신론은 개인의 삶을 조정하는 실천적 도구로서 중요한 의미를 갖는다. 직업 선택, 인간관계, 생활 방식의 조정은 모두 용신적 관점에서 재해석될 수 있으며, 이는 명리학을 단순한 운명 예측에서 벗어나 삶의 전략을 설계하는 이론 체계로 확장시킨다. 이러한 접근은 용신론을 상담과 현실 적용의 핵심 원리로 자리 잡게 한다.

　　본 장에서 정리한 용신론의 구조적 이해는 이후 대운과 세운 해석의 출발점이 된다. 용신이 명식 내부의 균형 기준이라면, 운의 흐름은 그 기준이 외부 환경과 어떻게 상호 작용하는지를 보여 주는 과정이다. 이 두 요소를 구조적으로 연결해 해석할 때, 명리학은 고정된 운명론을 넘어 변화와 선택의 학문으로 완성된다.

왜 어떤 문제는 반복되고,
어떤 사람은
늘 같은 지점에서 흔들릴까?

●

사주가 드러내는 취약 지점의 구조

사람들은 종종 이렇게 말한다.

"이 문제만 아니면 괜찮은데."

"항상 여기서 무너진다."

"다른 건 다 버틸 수 있는데, 이건 반복돼요."

겉으로 보면 상황도 다르고, 사람도 달라 보인다.

하지만 자세히 들여다보면 흔들리는 지점은 늘 비슷하다.

명리는 이 반복을

운이 나빠서 생긴 우연으로 보지 않는다.

그보다는

사주 구조 안에 있는 '취약한 흐름'이 시간을 따라

다시 모습을 드러낸다고 본다.

이 장에서는

왜 같은 유형의 문제가 반복되는지,

그리고 그것이 실패가 아니라 구조의 문제라는 점을 차분히 설명한다.

1 I 반복은 의지의 문제가 아니다

문제가 반복될 때
사람은 가장 먼저 자신의 의지를 의심한다.
내가 약해서 그런가?
결심이 부족한가?
마음을 단단히 먹지 못했나?
그러나 명리의 관점에서 보면
대부분의 반복은 의지 부족이 아니다.
그것은 에너지 흐름의 편중에서 비롯된다.

- 늘 너무 많이 쓰는 방향
- 늘 소홀해지는 방향
- 쓰면 편하지만, 쓰지 않으면 불안한 방향

이 편중이
삶의 특정 지점에서 계속 같은 문제를 만든다.

2 I 강점은 동시에 취약점이 된다

사주를 볼 때
많은 사람들이 강점에만 집중하려 한다.
어떤 기운이 강한가?
무엇을 잘하는가?
어디서 두각을 드러내는가?

하지만 명리에서는

강점과 취약점을 분리하지 않는다.

강점은

같은 방향으로 계속 사용될 때 취약점이 된다.

추진력이 강한 사람은 멈추는 데 약하고

책임감이 강한 사람은 내려놓는 데 서툴며

분석력이 뛰어난 사람은 결정이 늦어지기 쉽다.

문제는 능력이 아니라 균형의 부재다.

3 ǀ 사주는 '자주 쓰는 길'을 보여 준다

사주는

미래를 예언하는 설계도가 아니다.

사주는 그 사람이 위기든 기회든

어떤 길을 자동으로 선택하는지를 보여 준다.

스트레스를 받으면 더 밀어붙이는지

관계가 어려워지면 혼자 감당하려는지

불안할수록 통제하려 드는지

이 자동 반응이 삶의 패턴을 만들고,

그 패턴이 반복을 만든다.

4 ǀ 왜 다른 문제처럼 보일까

반복되는 문제는 항상 같은 얼굴로 오지 않는다.

직장에서는 상사 문제로, 연애에서는 거리감 문제로,

가족 관계에서는 책임 문제로

겉모습은 다르지만 핵심은 같다.

- 경계의 문제
- 속도의 문제
- 감당량의 문제

명리는

사건이 아니라 반응의 구조를 본다.

5 ㅣ 취약 지점은 없어져야 할 결함이 아니다

많은 사람들이 자신의 취약 지점을 알게 되면

그것을 없애려 한다.

더 단단해지려고 하고, 더 참고 버티려 하고, 아예 느끼지 않으려 한다.

그러나 취약 지점은

없앨 수 있는 결함이 아니다.

그 지점은 그 사람이 세상과 연결되는 방식이기도 하다.

문제는 그 지점을 관리하지 못할 때 발생한다.

6 ㅣ 반복이 심해지는 시점이 있다

같은 문제가 항상 같은 강도로 나타나는 것은 아니다.

어떤 시기에는 유독 반복이 심해진다.

명리에서는

이 시기를 취약 지점이 운과 맞닿는 시점으로 본다.

원래 약한 부분을 운이 더 자극하거나 평소 감춰졌던 부담이

표면으로 올라오는 때.

이때 사람은

"왜 하필 지금?"이라는 말을 하게 된다.

그러나 이 시기는 경고에 가깝다.

7 I 문제는 커지기 전에 신호를 보낸다

반복되는 문제는 갑자기 폭발하지 않는다.

그 전에는 항상 작은 신호들이 있다.

피로가 빨리 쌓이고, 짜증이 늘고, 사소한 일에 과민해진다.

하지만 사람은 대개 이 신호를 무시한다.

"이 정도는 괜찮아."

"지금만 넘기면 돼."

명리는

이 작은 신호를 가볍게 보지 말라고 말한다.

8 I 반복을 끊는 방법은 '다르게 버티는 것'이다

반복을 끊기 위해 전혀 다른 사람이 될 필요는 없다.

필요한 것은 다른 선택이 아니라 다른 방식의 사용이다.

- 더 빨리 가는 대신 중간에 멈추는 연습
- 더 책임지는 대신 일부를 내려놓는 연습
- 더 분석하는 대신 일정 시점에서 결정하는 연습

사주를 안다는 것은
운명을 바꾸는 것이 아니라 버티는 방식을 바꾸는 것이다.

9 I 반복은 실패의 기록이 아니다

반복되는 문제를 실패의 연속으로 보면 사람은 점점 자신을 포기하게 된다.
하지만 명리에서
반복은 '못났다는 증거'가 아니다.
반복은
아직 익숙하지 않은 균형 지점이 있다는 신호다.
즉, 그 지점만 조율되면 전체 구조가 훨씬 안정될 수 있다.

10 I 이 장의 정리

이 장의 핵심은 다섯 가지다.

- 반복은 의지 부족이 아니라 구조의 문제다.
- 강점은 관리되지 않으면 취약점이 된다.
- 사주는 자동 반응의 방향을 보여 준다.
- 반복은 운과 취약 지점이 만날 때 심해진다.
- 해결은 제거가 아니라 조율이다.

이 다섯 가지를 이해하면 사람은 자신을 덜 미워하게 된다.

11 I 다음 장으로 이어지는 질문

이제 다음 질문이 남는다.

그렇다면

이 취약 지점을 알았을 때 삶에서는 무엇을 바꿔야 하는가?

다음 장에서는

사주를 현실에 적용하는 방식,

즉 '알고도 달라지지 않는 이유'와 '실제로 달라지는 지점'을 다룬다.

성격의 문제가 아니라 구조의 문제

1 | 반복되는 문제에 대한 흔한 오해

사람들은 같은 문제를 반복해서 겪을 때 대개 자신의 의지나 성격을 탓
한다.

"내가 부족해서 그렇다."

"결심이 약해서 또 같은 실수를 한다."라는 식의 자기 평가가 이어진다.

그러나 명리학의 관점에서 보면

문제의 반복은 의지의 문제가 아니라

구조가 반복해서 같은 지점을 자극하기 때문인 경우가 많다.

2 | 명식은 반복되는 패턴을 가진다

사주 명식은

무작위로 작동하지 않는다.

특정 오행이나 십신이 과도하게 강하거나 약할 경우,

그 영향은 삶의 여러 장면에서 유사한 형태로 반복된다.

이때 문제는 사건의 내용이 아니라 반응 방식의 반복으로 나타난다.

3 | 왜 다른 문제처럼 보여도 본질은 같은가

겉으로 보면

직장 문제, 인간관계 문제, 금전 문제처럼

서로 다른 사건처럼 보일 수 있다.

그러나 명리적으로 분석해 보면

- 같은 판단 방식

- 같은 대응 습관

- 같은 선택의 흐름

이 세 가지가 반복되고 있는 경우가 많다.

즉, 문제는 바뀌어도 작동 원인은 동일한 경우가 많다.

4 | 반복을 강화시키는 '시기의 작용'

문제의 반복은

특정 시기에 더욱 강해진다.

이는 대운이나 세운이 명식의 취약한 부분을 지속적으로 자극하기 때문

이다.

이 시기에는

문제가 새로 생긴 것이 아니라,

기존 구조가 집중적으로 드러난다고 보는 것이 정확하다.

5 | 반복에서 벗어나지 못할 때 생기는 착각

반복을 이해하지 못하면

다음과 같은 착각에 빠지기 쉽다.

- 인생이 원래 이렇다고 체념함
- 명리나 운명을 부정함
- 외부 원인만을 탓함

그러나 반복의 원인을 구조적으로 이해하면,
문제를 끊을 수 있는 지점 역시 함께 보이기 시작한다.

6 ㅣ 문제 반복의 구조 정리

사람들은 삶에서 문제가 반복될 때 대부분 그 원인을 외부에서 찾는다.
사건이 나빴고, 사람이 잘못됐고, 운이 없었다고 말한다.
그러나 문제가 반복된다는 것은
개별 사건의 문제가 아니라 구조의 문제일 가능성이 높다.
삶에서 반복되는 문제에는 몇 가지 공통된 구조가 존재한다.

첫째, 문제는 특정한 원인에서 반복된다.
사람마다 반복되는 문제의 형태는 달라도
그 근원에는 대개 특정 기운의 편중이 있다.
사고방식, 감정 반응, 판단 기준이 한쪽으로 치우치면
비슷한 선택을 하게 되고 결과 역시 비슷해진다.

둘째, 삶에서는 그 구조가 명식처럼 드러난다.
같은 상황에서 늘 비슷한 선택을 하고,
비슷한 사람을 만나며, 비슷한 결과로 귀결된다.
이는 우연이 아니라

이미 형성된 선택의 패턴이 작동하고 있기 때문이다.

셋째, 성향은 고정된 반응 방식을 만든다.
어떤 이는 문제가 생기면 회피하고,
어떤 이는 맞서고,
어떤 이는 스스로를 탓한다.
이 반응은 순간의 감정이 아니라
오랫동안 반복되어 굳어진 구조적 반사 작용이다.
그래서 사람은 알면서도 같은 실수를 반복한다.

넷째, 반복은 특정 시기에 더 강하게 나타난다.
비슷한 시기에 비슷한 사건이 되풀이되는 경험은
삶의 구조가 일정한 자극에 반응하고 있다는 신호다.
문제는 사건이 아니라 그 사건을 불러오는 구조적 조건이다.

다섯째, 인식의 오류가 반복을 고착시킨다.
사람들은 문제를
'내가 부족해서', '상대가 잘못해서'라는 개인 탓으로만 본다.
그러나 구조를 보지 못한 인식은 해결이 아니라 소모를 만든다.
이때 변화는 지연되고 문제는 형태만 바꾼 채 다시 나타난다.

여섯째, 해석이 바뀌지 않으면 반복은 지속된다.
삶의 문제는
해결되지 않아서 반복되는 것이 아니라 이해되지 않아서 반복된다.
구조를 이해하지 못하면 선택은 바뀌지 않고,

선택이 바뀌지 않으면 인생의 흐름도 그대로 유지된다.

그래서 문제 반복의 핵심은 이것이다.

문제를 없애는 것이 아니라 반복을 만들어 내는 구조를 인식하는 것.

그 순간부터 삶은 같은 자리에서 맴도는 것이 아니라

다른 방향으로 움직이기 시작한다.

7 ㅣ 반복을 이해하면 선택이 달라진다

문제의 반복을 자신의 결함으로만 보지 않고,

구조와 시기의 문제로 이해하면 대응 방식이 달라진다.

같은 상황에서도 이전과 다른 선택을 할 수 있고,

그 순간 반복의 고리는 느슨해진다.

명리학은

문제를 피하는 학문이 아니라, 반복을 인식하고 조정하는 학문이다.

8 ㅣ 제6장의 정리

반복되는 문제는

우연히 생기는 것이 아니다.

그것은 명식과 시기가 만들어 낸 하나의 패턴이며,

이 패턴을 인식하는 순간 변화의 가능성은 열리기 시작한다.

본 장은

이후 대운·세운·인생 전환점을 해석하는 데 있어 매우 중요한 연결 고리

가 된다.

제6장 A. 흐름 해석과 시간 축의 학술적 중요성

　제6장에서 강조한 핵심은 명리 해석에서 시간 축이 갖는 학술적 의미이다. 명리는 특정 시점의 상태를 설명하는 데 그치지 않고, 변화가 어떻게 누적되고 전환되는지를 분석하는 데 목적이 있다. 따라서 명리 해석은 언제나 단편적 결과가 아니라 과정과 맥락을 중심으로 이루어져야 한다.

　학술 명리에서 말하는 흐름이란 단순한 운의 상승이나 하강을 의미하지 않는다. 그것은 기운의 배치가 시간의 경과에 따라 어떤 방식으로 작동하며, 어느 시점에서 조정과 선택이 요구되는지를 보여 주는 구조적 개념이다. 이 관점은 명리를 예언의 기술이 아닌 이해의 학문으로 자리매김하게 한다.

　시간 축을 고려하지 않은 해석은 일시적인 현상에 과도한 의미를 부여하기 쉽다. 반면 흐름 중심의 해석은 변화의 방향성과 속도를 함께 읽어 내어 보다 안정적이고 현실적인 판단을 가능하게 한다.

가상의 한 인물은 유사한 능력과 환경을 가지고 있음에도 불구하고, 특정 시점에서의 선택에 따라 전혀 다른 결과를 맞이한다. 한 경우에는 확장과 도전을 선택하고, 다른 경우에는 정비와 축소를 선택한다.

확장을 선택한 시점은 외부 환경이 아직 충분히 성숙되지 않은 상태였으며, 내부적으로도 준비가 완비되지 않았다. 그 결과 성과는 일시적으로 나타났지만, 이후 부담이 누적되어 안정성을 잃게 된다. 반면 정비를 선택한 경우에는 단기적 성과는 크지 않았으나, 이후 흐름이 성숙되면서 보다 안정적인 성과로 이어진다.

이 사례는 명리가 결과를 예측하기보다는, 시기 선택의 합리성을 검토하는 도구로 활용될 수 있음을 보여 준다. 흐름을 이해한 선택은 삶의 전략을 바꾸는 힘을 가진다.

제6장의 이론을 실제 해석에 적용할 때에는 몇 가지 기준이 필요하다. 첫째, 현재의 상태를 고정적으로 판단하지 않는다. 둘째, 변화의 방향과 속도를 함께 고려한다. 셋째, 시기의 좋고 나쁨을 단정하기보다, 어떤 행동이 적합한지를 중심으로 해석한다.

이러한 기준은 명리를 삶의 전략 수립에 활용하기 위한 최소한의 조건이다. 명리는 결정을 대신하지 않으며, 선택의 맥락을 이해하도록 돕는 보조적 도구로 기능한다.

제6장 핵심 정리

대운 · 세운의 구조와 시간 해석의 기준

대운과 세운은 명리학에서 시간의 흐름을 해석하는 핵심 장치이다. 그러나 이를 단순히 길흉의 예보표처럼 이해하면, 해석은 사건 나열에 머물고 구조적 통찰을 놓치기 쉽다. 본 장에서 다룬 대운·세운은 미래를 맞히는 도구가 아니라, 시간에 따라 명식의 구조가 어떻게 반응하고 조정되는지를 읽는 해석 체계로 이해되어야 한다.

대운은 인생의 큰 흐름을 형성하는 장기적 환경 변화이며, 세운은 그 흐름 속에서 매년 작동하는 미시적 자극이다. 이 둘은 독립적으로 작용하지 않으며, 항상 명식의 구조와 용신 기준을 전제로 상호 작용한다. 따라서 대운과 세운의 해석은 단독으로 판단할 수 없고, 명식-용신-운의 삼중 구조 속에서 종합적으로 읽혀야 한다.

대운 해석의 핵심은 변화의 방향성이다. 어떤 대운이 들어오느냐보다 중요한 것은, 그 대운이 명식의 기존 구조를 강화하는지, 조정하는지, 또는 흔드는지에 있다. 동일한 대운이라도 명식의 균형 상태에 따라 전혀 다른 결과로 나타날 수 있으며, 이는 대운을 절대적 길흉의 기준으로 삼을 수 없음을 의미한다.

세운은 대운의 큰 흐름 속에서 발생하는 구체적 사건의 계기를 제공한다. 그러나 세운 또한 단순한 사건 예측의 재료가 아니라, 대운이 현실에서 어떻게 드러나는지를 보여 주는 촉매로 이해되어야 한다. 특정 세운의 충돌이나 합이 중요한 이유는, 그것이 명식 구조의 어느 부분을 자극하는지를 드러내기 때문이다.

대운·세운 해석에서 빈번한 오류는 시기만을 강조하며 구조 판단을 생략하는 데서 발생한다. 그러나 명리학적 시간 해석의 본질은 '언제'보다 '왜 그때 그런 반응이 나타나는가'에 있다. 이를 위해서는 운이 명식의 어느 기능을 활성화하거나 약화시키는지를 먼저 파악해야 하며, 이 과정이 생략되면 해석은 단편적 예측으로 전락한다.

본 장에서 정리한 대운·세운의 구조적 이해는 명리학을 운명 예언에서 벗어나, 시간에 따른 선택과 대응의 학문으로 확장시킨다. 운은 삶을 강제하는 힘이 아니라, 구조에 반응을 요구하는 환경 조건이다. 이러한 관점에서 대운과 세운은 피할 대상이 아니라, 이해하고 활용해야 할 변화의 신호로 해석된다. 이 해석 기준은 본서 전반에서 일관되게 유지되는 시간 분석의 핵심 원리임을 분명히 한다.

알고도 달라지지 않는 이유,
그리고 실제로
변화가 시작되는 지점

●

사주를 삶에 적용하는 현실적인 방식

사주를 어느 정도 이해하게 되면 사람은 두 갈래 반응을 보인다.

하나는

"아, 그래서 내가 그랬구나."라는 이해이고,

다른 하나는

"그런데도 왜 나는 그대로일까?"라는 좌절이다.

이 장은

이 두 번째 질문에서 출발한다.

명리를 알고도 사람이 쉽게 달라지지 않는 이유,

그리고 실제 변화가 시작되는 지점은 어디에 있는지를 다룬다.

1 | 이해와 변화는 다른 층위에 있다

많은 사람들이 이해하면 달라질 것이라 기대한다.

구조를 알았고, 이유를 알았고, 반복의 원인도 알았다.

그런데 삶은 그대로다.

이것은 이상한 일이 아니다.

이해는 인식의 층위이고, 변화는 사용의 층위이기 때문이다.

사람은

알고 있는 방식이 아니라 익숙한 방식으로 반응한다.

2 | 사주는 '행동 지침서'가 아니다

사주를 접하고 나서 사람들이 가장 많이 묻는 질문은 이것이다.

"그래서 뭘 하면 되나요?"

"이럴 땐 어떻게 행동해야 하죠?"

하지만 사주는 정답 행동을 알려 주는 매뉴얼이 아니다.

명리는

"이렇게 살아라."라고 말하지 않는다.

대신

"너는 이런 상황에서 이렇게 반응하기 쉽다."를 보여 준다.

즉, 사주는 선택지를 줄이지 않고, 선택의 자각을 넓힌다.

3 | 변화는 '결심'이 아니라 '조정'이다

사람들은 변화를 큰 결심으로 생각한다.

'이제는 절대 그러지 말아야지.'

'완전히 다른 사람이 되어야지.'

그러나 이런 결심은

대부분 오래가지 않는다.

명리에서 말하는 변화는

혁명이 아니라 미세 조정에 가깝다.

늘 10까지 하던 것을 8에서 멈추고

늘 혼자 버티던 것을 한 번은 나누고

늘 미루던 결정을 하루만 앞당기는 것.

이 작은 조정이 패턴을 바꾼다.

4 ㅣ 가장 먼저 바뀌어야 하는 것은 '속도'다

삶이 바뀌는 사람들을 보면 공통점이 하나 있다.

그들은

자신의 속도를 조절하기 시작한다.

빨라야 안심되는 사람은 의도적으로 늦춰 보고

늦어야 안전한 사람은 일부러 마감을 만들어 낸다.

속도는

사주에서 가장 자동화된 반응이다.

이 속도를 건드리지 않으면

아무리 많은 이해도 현실에서는 작동하지 않는다.

5 | 환경을 바꾸지 않으면 구조는 유지된다

사람은
의지로 패턴을 이길 수 있다고 믿는다.
하지만 실제로는
환경이 구조를 유지한다.

> • 늘 같은 역할을 요구받는 자리
> • 늘 같은 반응을 유도하는 관계
> • 늘 같은 시간표와 루틴

사주를 삶에 적용한다는 것은 성격을 바꾸는 일이 아니라
환경의 배치를 재조정하는 일이다.

쉬는 시간을 먼저 정하거나
책임의 범위를 명확히 하거나
혼자 감당하던 일을 구조화하는 것.
환경이 바뀌면 반응도 달라진다.

6 | 변화는 불편함을 동반한다

패턴이 유지되는 이유는 간단하다.
그 방식이 익숙하기 때문이다.
익숙함은
안전과 비슷하게 느껴진다.

그래서 변화가 시작되면 사람은 흔히 이렇게 느낀다.

괜히 불안해지고, 내가 아닌 것 같고, 잘못 가는 것처럼 느껴진다.

하지만 이 불편함은 실패의 신호가 아니다.

그것은 새로운 균형으로 이동 중이라는 표시다.

7 ㅣ 가장 효과적인 적용은 '하나만 바꾸는 것'이다

사주를 적용할 때 가장 흔한 실수는

너무 많은 것을 동시에 바꾸려는 것이다.

관계도 바꾸고, 일하는 방식도 바꾸고, 태도도 바꾸려 한다.

그러면, 삶 전체가 불안정해진다.

가장 효과적인 방법은 이것이다.

지금 반복을 만드는 핵심 행동 하나만 조정한다.

> • 항상 끝까지 떠안던 마지막 단계
>
> • 늘 미루던 첫 시작
>
> • 늘 참아 넘기던 한 마디

하나가 바뀌면 연쇄적으로 다른 것들이 달라진다.

8 ㅣ 사주는 '자기 감시 도구'가 아니다

명리를 배우다 보면 자신을 과하게 점검하는 사람이 된다.

'지금도 구조대로 반응한 건가?'

'또 같은 패턴 아닌가?'

이렇게 되면 사주는 성장 도구가 아니라 자기 검열 도구가 된다.

사주는
자기를 감시하라고 있는 것이 아니다.
자기를 이해하고 회복 속도를 줄이기 위해 있다.
넘어지지 않는 삶이 아니라,
빨리 돌아오는 삶이 목적이다.

9 | 변화의 기준은 '완벽'이 아니라 '회복 시간'이다

사람이 달라졌는지를 판단하는 기준은 실수의 유무가 아니다.
여전히 흔들릴 수 있고, 여전히 반복할 수 있다.
중요한 것은 이것이다.
예전보다 얼마나 빨리 중심으로 돌아오는가.
사주를 삶에 적용한 사람은 문제가 없어지지 않는다.
다만 문제에 머무는 시간이 짧아진다.

10 | 이 장의 정리

이 장에서 기억해야 할 핵심은 여섯 가지다.

- 이해와 변화는 다른 층위다.
- 사주는 행동 매뉴얼이 아니라 반응 구조다.
- 변화는 결심이 아니라 미세 조정이다.
- 속도 조절이 가장 강력한 적용 지점이다.

- 환경을 바꾸지 않으면 패턴은 유지된다.
- 변화의 기준은 완벽이 아니라 회복 속도다.

이 여섯 가지를 받아들이는 순간,

명리는

이론이 아니라 생활 도구가 된다.

11 I 다음 장으로 이어지는 질문

이제 마지막으로 이 질문에 도달하게 된다.

그렇다면

이 모든 구조 위에서 나는 어떤 방향의 삶을 선택하는 사람인가?

다음 장에서는

사주를 통해 '잘 맞는 삶의 방향'과

'무리해서 어긋나는 선택'을 구분하는 기준,

즉, 삶의 방향성을 다룬다.

의지의 문제가 아니라 작동 조건의 문제

1 | '알고 있다'는 것과 '달라진다'는 것의 차이

많은 사람들이 자신의 문제를 이미 알고 있다고 말한다.

성향도 알고, 반복되는 패턴도 알고,

어디에서 문제가 생기는지도 알고 있다.

그럼에도 삶은 쉽게 달라지지 않는다.

이로 인해 "알아도 소용이 없다."라는 체념이 생기곤 한다.

그러나 명리학의 관점에서 보면 문제는

지식의 부족이 아니라 작동 조건이 바뀌지 않았다는 점에 있다.

2 | 인식은 바뀌어도 구조는 그대로일 수 있다

사람은 이해하고 깨닫는 순간 변화할 것이라 기대한다.

하지만 명식의 구조와 그 구조를 자극하는 시기가 그대로라면,

인식의 변화만으로는

행동의 방향을 지속적으로 바꾸기 어렵다.

즉, '아는 것'은 변화의 시작일 수는 있으나 변화 그 자체는 아니다.

3 | 왜 같은 선택으로 다시 돌아가는가

사람은 위기의 순간에 새로운 선택을 결심하지만,

시간이 지나면 다시 익숙한 방식으로 돌아간다.

이는 의지가 약해서가 아니라,

명식이 가진 기본 반응 경로가

여전히 동일하게 작동하고 있기 때문이다.

명리학은

이 반응 경로가 어디에서 형성되고 언제 강화되는지를 설명한다.

4 I 시기가 바뀌지 않으면 행동도 유지된다

대운이나 세운이 기존의 성향을 계속 강화하는 시기에는,

아무리 인식이 바뀌어도 행동의 폭은 제한될 수밖에 없다.

이때 변화가 일어나지 않는 이유는 노력이 부족해서가 아니라,

변화를 지속시킬 환경이 아직 형성되지 않았기 때문이다.

5 I '의지론'이 만드는 또 다른 좌절

알고도 달라지지 않는 이유를 오로지 개인의 의지 문제로만 해석하면,

사람은 쉽게 좌절한다.

나는 왜 이 정도밖에 안 되는가?

알고도 못 바꾸는 나는 문제 있는 사람인가?

그러나 이러한 질문은 문제를 해결하기보다 자기 비난만 강화시킨다.

6 I 알고도 달라지지 않는 이유와 구조

변화를 시도했음에도 다시 원래의 상태로 돌아가는 이유는

의지의 부족 때문이 아니다.

대부분의 변화는 구조가 그대로인 상태에서 행동만 바뀌었기 때문에 멈춘다.

사람은 변화하려 할 때 먼저 행동을 바꾸려 한다.

생활 패턴을 고치고, 습관을 조정하고, 결심을 반복한다.

그러나 그 행동을 만들어 낸 인식의 구조와 반응 경로가 그대로라면,

변화는 오래가지 않는다.

겉으로는 달라진 것처럼 보이지만

실제로는 기존 구조 위에 임시적인 선택을 얹은 것에 불과하다.

이 경우 변화는 유지가 아니라 소모가 된다.

또 하나의 이유는 환경의 미변화이다.

사람은 환경에 반응하며 움직인다.

같은 장소, 같은 시간, 같은 자극 속에서는

아무리 다른 결심을 해도 동일한 반응 경로가 자동으로 작동한다.

이때 나타나는 현상이 반복이다.

결심 → 시도 → 잠시 변화 → 원래대로 복귀.

이 반복은 실패가 아니라 구조 유지의 결과다.

문제는 여기서 좌절감이 쌓인다는 점이다.

사람은 "나는 역시 안 된다."라는 결론을 내리고

변화 자체를 중단해 버린다.

그러나 멈춘 것은 사람이 아니라, 구조를 건드리지 않은 시도다.

지속되는 변화는 의지의 크기가 아니라

인식, 구조, 환경이 함께 바뀔 때 시작된다.

행동은 가장 마지막에 따라오는 결과일 뿐이다.

그 이전 단계가 움직이지 않으면 행동은 반드시 제자리로 돌아온다.

7 | 변화는 언제 가능해지는가

진정한 변화는 인식, 구조, 시기가 동시에 맞물릴 때 시작된다.

이 중 하나라도 결여되면 변화는 일시적인 시도로 그치기 쉽다.

명리학은

이 세 요소가 언제 정렬되는지를 관찰하고 준비하게 만드는 학문이다.

8 | 제7장의 정리

알고도 달라지지 않는 이유는 깨달음이 부족해서가 아니다.

변화를 가능하게 하는 조건이 아직 완성되지 않았기 때문이다.

본 장은

이후 '언제 변화가 가능한가'를 다루는 장으로 자연스럽게 이어지는 연결점이 된다.

제7장에서 다룬 핵심은 명리 구조 속에서 각 요소가 수행하는 '역할'의 개념이다. 명리 해석에서 동일한 요소라 하더라도 위치와 관계에 따라 전혀 다른 기능을 수행한다. 따라서 학술 명리는 요소의 존재 여부보다, 그 요소가 구조 속에서 어떤 역할을 맡고 있는지를 중심으로 해석한다.

역할 개념은 명리를 고정된 성격 분석에서 벗어나게 한다. 같은 구조라도 상황과 흐름에 따라 역할의 비중은 달라질 수 있으며, 이는 인간 삶의 유연성을 설명하는 데 중요한 단서가 된다. 이러한 관점은 명리를 단순 분류의 학문이 아니라 관계 해석의 학문으로 확장시킨다.

제7장의 이론은 이후 보다 복합적인 해석으로 나아가기 위한 연결 고리로 기능한다.

　가상의 한 인물은 자신의 구조 속에서 보조적 역할을 수행하는 요소를 주된 강점으로 오해한다. 이 인물은 지속적으로 자신에게 과도한 책임을 부여하며, 그 결과 심리적 부담과 현실적 피로가 누적된다.

　반대로 동일한 구조를 가진 또 다른 인물은 자신의 역할을 정확히 인식하고, 보조적 요소는 지원의 영역으로 활용한다. 이 인물은 자신의 한계를 명확히 인지하면서도, 구조에 맞는 선택을 통해 안정적인 성과를 유지한다.

　이 사례는 명리 해석에서 역할 인식이 얼마나 중요한지를 보여 준다. 구조를 잘못 이해한 해석은 삶의 방향을 왜곡할 수 있지만, 역할 중심의 해석은 선택의 효율성을 높인다.

제7장의 이론을 실제 해석에 적용할 때에는 몇 가지 기준이 필요하다. 첫째, 특정 요소를 주역으로 단정하지 말고, 전체 구조 속에서의 기능을 먼저 파악해야 한다. 둘째, 역할은 고정된 것이 아니라 흐름에 따라 조정될 수 있음을 전제로 해야 한다. 셋째, 역할 해석은 개인의 가능성을 제한하기보다, 선택의 방향을 정리하는 데 사용되어야 한다.

이 기준을 통해 명리는 개인을 규정하는 도구가 아니라, 삶을 설계하는 참고 지도로 활용될 수 있다. 제7장의 논의는 이러한 명리 해석의 성숙한 활용을 위한 이론적 기반을 제공한다.

제7장 핵심 정리

명리 해석의 실제 적용 절차와 판단 기준

명리학의 이론이 아무리 정교하더라도, 실제 삶에 적용되지 못한다면 그 가치는 제한될 수밖에 없다. 본 장에서 다룬 해석의 실제 적용 절차는 특정 기법을 나열하는 데 목적이 있는 것이 아니라, 이론을 현실 판단으로 연결하는 구조적 과정을 정리하는 데 있다. 명리 해석은 단발적 결론이 아니라, 단계적 분석을 통해 도출되는 종합 판단이어야 한다.

실제 해석의 출발점은 개별 요소가 아니라 명식 전체의 구조를 파악하는 데 있다. 오행의 분포, 십성의 관계, 격국의 중심 질서, 용신의 조율 기준을 순차적으로 검토함으로써 명식이 어떤 방향성을 갖고 작동하는지를 먼저 확인해야 한다. 이 과정이 선행되지 않으면, 이후의 운 해석이나 사건 판단은 근거를 잃게 된다.

해석의 두 번째 단계는 시간 요소의 결합이다. 대운과 세운은 명식 구조 위에 작동하는 외부 조건이며, 이들이 어떤 기능을 활성화하거나 억제하는지를 분석하는 것이 핵심이다. 이때 중요한 것은 특정 시기의 길흉을 단정하는 것이 아니라, 그 시기가 명식의 어떤 기능을 시험하는 국면인지를 이해하는 데 있다. 이를 통해 해석은 예언이 아니라 대응 전략으로 전환된다.

실전 해석에서 특히 주의해야 할 점은 단일 기준에 의존하지 않는 것이다. 오행, 십성, 격국, 용신, 운의 흐름은 각각 독립된 판단 기준이 아니라, 서로를 보완하며 하나의 결론으로 수렴해야 한다. 어느 하나의 요소만을 강조할 경우, 해석은 균형을 잃고 과장되거나 왜곡될 위험이 있다. 따라서 실제 판단은 항상 복수의 근거가 일치하는 지점에서 이루어져야 한다.

상담과 실제 적용 과정에서 해석자는 결과를 단정하기보다, 선택의 방향과 유의점을 제시하는 역할을 수행해야 한다. 명리학은 삶을 대신 살아 주는 학문이 아니라, 의사 결정을 돕는 분석 도구이기 때문이다. 이러한 관점은 해석자의 책임 범위를 명확히 하고, 명리학을 보다 건강한 실천 학문으로 자리 잡게 한다.

본 장에서 정리한 실제 적용 절차는 앞서 논의한 모든 이론을 현실로 연결하는 종합 단계에 해당한다. 이 절차를 통해 명리학은 추상적 이론을 넘어, 개인의 삶과 선택에 실질적으로 기여하는 학문으로 완성된다. 이러한 해석 기준과 적용 방식은 이후 종합 해석과 결론 부분으로 자연스럽게 이어지며, 본서 전체의 논지를 하나의 체계로 묶는 역할을 수행한다.

제8장

나는 어떤 방향의 삶을
선택하는 사람인가

●

사주가 말해 주는 '잘 맞는 선택'과 '무리한 선택'의 차이

사주를 배우는 과정의 마지막에는 항상 이 질문으로 돌아오게 된다.

"그래서 나는 어떤 삶을 살아야 하는 사람인가?"

이 질문은

성공의 방식이나 직업의 목록을 묻는 것이 아니다.

이 장에서 말하는 방향이란,

힘을 덜 소모하면서 오래갈 수 있는 선택의 방향이다.

1 | 잘 맞는 삶은 '편한 삶'이 아니다.

많은 사람들이 잘 맞는 삶을 편안하고 고통 없는 삶으로 오해한다.

그러나 명리에서 말하는 '잘 맞는 삶'은

아무 노력도 필요 없는 삶이 아니다.

그 삶은 오히려

책임이 분명하고 부담이 꾸준하며 쉽게 포기할 수 없는 경우가 많다.

차이는 이것이다.

그 부담이 나를 소모시키는가, 아니면 나를 정렬시키는가.

잘 맞는 삶은 힘들어도 방향이 흐트러지지 않는다.

2 | 어긋난 선택은 처음엔 늘 쉬워 보인다

사주에서 벗어난 선택은 이상하게도 처음에는 항상 쉬워 보인다.

결과가 빨리 나오고, 주변의 인정을 받기 쉽고, 단기간 성과가 크다.

그래서 사람은

그 선택이 맞다고 착각한다.

하지만 시간이 지나면 이런 신호가 나타난다.

- 이유 없는 피로
- 사소한 일에도 커지는 스트레스
- 성과와 만족의 불균형

명리는

이 지점을 '기운이 새는 방향'이라고 부른다.

3 ㅣ 사주는 직업을 고르지 않는다, 방향을 보여 준다

사주를 보면

"어떤 일을 해야 하나요?"라는 질문을 많이 받는다.

하지만 사주는 직업명을 지정하지 않는다.

대신

다음과 같은 방향을 보여 준다.

- 혼자 결정하는 구조가 맞는지
- 관계 속에서 역할을 맡는 구조가 맞는지
- 결과를 만드는 쪽인지 과정을 관리하는 쪽인지

같은 직업이라도 이 방향이 맞지 않으면 삶은 계속 어긋난다.

4 ㅣ 방향이 맞으면, 속도는 달라도 괜찮다

사람들은 속도가 느려지면 방향을 의심한다.

"내가 잘 가고 있는 게 맞나?"

"왜 나는 이렇게 늦을까?"

하지만 명리에서는 속도보다 방향을 더 중요하게 본다.

방향이 맞는 사람은 느려도 중간에 무너지지 않는다.

반대로

방향이 어긋난 사람은 아무리 빨라도 어느 순간 크게 흔들린다.

5 ㅣ 반복해서 후회되는 선택에는 공통점이 있다

사람이 후회하는 선택은 대개 비슷한 이유를 가진다.

- 무리해서 감당한 책임
- 버텨야 한다고 착각한 관계
- 내 성향과 맞지 않는 역할

명리는

이 반복 후회를 성격 탓으로 보지 않는다.

그것은 자기 구조를 무시한 선택의 흔적이다.

6 ㅣ '할 수 있는 것'과 '해야 하는 것'은 다르다

사람은 종종

할 수 있는 일을 해야 하는 일로 착각한다.

- 남들보다 잘하니까
- 맡기면 해내니까
- 책임감이 강하니까

하지만 사주에서는 이 두 가지를 분명히 구분한다.

할 수 있는 일은
에너지를 소모하며 버티는 영역이고
해야 하는 일은 에너지가 순환되는 영역이다.
문제는
버티는 삶이 길어질수록 사람은 자신을 잃는다.

7 ⏐ 잘 맞는 방향은 '계속 돌아오게 되는 자리'다

사람이 정말 잘 맞는 방향을 선택하면 이런 특징이 나타난다.
잠시 떠나도 다시 돌아오게 되고,
쉬었다 와도 맥이 이어지며
오래 해도 이유가 남는다.
반대로
어긋난 방향은 끊임없이 도망치고 싶어진다.

명리는
이 '돌아옴의 감각'을 중요한 기준으로 본다.

8 ⏐ 방향이 맞아도, 방식은 조정되어야 한다

방향이 맞다고 해서 모든 방식이 자동으로 맞아떨어지지는 않는다.
과하게 책임지거나 지나치게 스스로를 몰아붙이거나
자기 역할을 넘어서 개입하기도 한다.

그래서 사주는

방향과 함께 사용법을 같이 본다.

같은 길이라도 어떻게 가느냐에 따라 삶의 질은 완전히 달라진다.

9 ㅣ 방향은 한 번에 결정되지 않는다

사람들은 삶의 방향이 한 번의 선택으로 정해진다고 생각한다.

하지만 실제로는

수많은 작은 선택들이 방향을 만든다.

> • 어떤 요청을 받아들이는지
> • 어디까지 책임지는지
> • 언제 멈추는지

명리는

큰 결단보다 이 작은 선택들을 더 중요하게 본다.

10 ㅣ 사주는 나를 가두는 틀이 아니다

가장 큰 오해는 이것이다.

"사주대로 살면 자유가 없어지는 것 아닌가?"

하지만 실제로는 반대다.

사주는

나를 제한하는 틀이 아니라,

무리하지 않아도 되는 범위를 알려 준다.

그 범위를 알면 사람은 오히려 더 자유로워진다.

11 ∣ 이 장의 정리

이 장에서 기억해야 할 핵심은 네 가지다.

잘 맞는 삶은 편한 삶이 아니라 오래가는 삶이다.

- 어긋난 선택은 처음엔 항상 쉬워 보인다.
- 사주는 직업이 아니라 방향을 보여 준다.
- 방향이 맞으면 속도는 중요하지 않다.
- 방향을 알면 자유는 줄지 않고, 오히려 늘어난다.

이 네 가지는 앞선 모든 장을 하나로 묶는 기준이다.

12 ∣ 다음 장을 향하여

이제 이 책은 마지막 단계로 들어간다.

다음 장에서는

'사주를 해석하는 사람'의 시선이 아니라,

'사주를 사용하며 살아가는 사람'의 태도를 다룬다.

즉, 명리를 어떻게 믿어야 하는가가 아니라 어디까지 의지하지 말아야 하는가.

그 경계를 이야기한다.

선택은 결단이 아니라 방향 설정이다

1 l 삶의 선택은 순간의 결정이 아니다

사람들은

삶의 방향을 선택한다고 하면 특정 순간의 결단을 떠올린다.

그러나 명리학의 관점에서

삶의 방향은

단번에 정해지는 것이 아니라

지속적으로 누적되는 선택의 흐름 속에서 형성된다.

즉, 방향은

어느 날 갑자기 바꾸는 것이 아니라,

어느 쪽으로 계속 움직이고 있는가의 문제이다.

2 l 명식은 '가능한 방향'을 보여 준다

사주 명식은

무엇을 반드시 해야 하는지를 명령하지 않는다.

대신 어떤 방향에서 힘이 나오는지,

어떤 선택이 무리를 만드는지,

어떤 영역에서 지속성이 생기는지와 같은

가능한 삶의 방향성을 보여 준다.

이 점을 이해하지 못하면 명리는 곧바로 숙명론으로 오해된다.

3 ㅣ 왜 같은 선택을 반복하는가

사람은

자유롭게 선택한다고 느끼지만,

실제로는 익숙한 방향을 택하는 경우가 많다.

이는 명식이 가진 기본 반응 경로가

특정 방향으로 더 쉽게 작동하기 때문이다.

따라서 삶의 방향은

의식적인 선택보다 무의식적인 반복 속에서 먼저 형성된다.

4 ㅣ 방향을 바꾼다는 것의 실제 의미

삶의 방향을 바꾼다는 것은 완전히 다른 사람이 되는 것이 아니다.

같은 구조를 가지고도 어디에 에너지를 쓰는지,

무엇을 우선순위에 두는지,

어떤 환경을 선택하는지를 달리하는 것이다.

명리학은

이 '조정 가능한 지점'을 찾는 데 있어 가장 큰 역할을 한다.

5 ㅣ 선택의 방향은 언제 분명해지는가

방향은 의지가 강해질 때보다 시기와 환경이 맞을 때 분명해진다.

대운과 세운이 명식의 특정 요소를 밀어줄 때,

사람은 자연스럽게 어떤 선택이 자신에게 맞는지 체감하게 된다.

이때의 선택은

억지 결심이 아니라 흐름에 가까운 판단이 된다.

6 Ⅰ 삶의 방향 선택 구조 정리

삶의 방향은 어느 날 갑자기 정해지지 않는다.
그것은 한 번의 결단이 아니라,
반복된 선택과 반응이 누적되며 형성되는 구조이다.
명리는 바로 이 '형성의 과정'을 읽어 내는 학문이다.
먼저 명식은 한 개인이 타고난 기본 성향과 구조를 보여 준다.
이는 성격의 좋고 나쁨이 아니라,
에너지가 흐르기 쉬운 방향과
저항이 생기기 쉬운 지점을 의미한다.
사람마다 출발선이 다르듯, 선택의 기본 조건 또한 다르다.
이 기본 구조 위에서 사람은 가능한 방향을 갖게 된다.
모든 길이 열려 있는 것처럼 보이지만,
실제로는 에너지가 자연스럽게 작동하는 방향과
억지로 밀어붙여야만 유지되는 방향이 분명히 나뉜다.
이때 나타나는 것이 성향이다.

성향은 생각보다 빠르게 반응하며, 사람은 익숙한 반응을 반복한다.
이 반복 선택은 의식적인 판단이라기보다
지금까지 살아온 방식의 관성에 가깝다.
그러나 인생에는 반드시 시기가 개입한다.
운의 흐름은 특정 방향을 자극하고, 어떤 선택은 강화되며
어떤 선택은 점점 실행 가능성을 잃는다.

이 과정에서 환경은 선택의 폭을 넓히거나 좁히는 역할을 한다.

결국 선택은 언제나 선택의 장 안에서 이루어진다.

아무리 의지가 강해도

실행 가능성이 낮은 방향은 오래 유지되기 어렵고,

실행 가능성이 높은 방향은 작은 선택만으로도 빠르게 누적된다.

이렇게 누적된 선택은 결과를 만들고,

그 결과는 다시 다음 선택의 기준이 된다.

이 반복 구조 속에서 사람의 삶은 점차 하나의 방향성을 갖게 된다.

즉, 삶의 방향 형성이란

한 번의 결심이 아니라

타고난 구조, 반복된 반응, 시기의 자극, 환경의 조건이

서로 맞물리며 만들어지는 흐름의 결과이다.

명리는 이 흐름을 대신 선택해 주지 않는다.

다만, 어떤 방향이 지속 가능하고

어떤 방향이 소모적인지를 미리 보여 줄 뿐이다.

7 ㅣ 명리는 선택을 대신하지 않는다

명리학은 어느 길을 가라고 지시하지 않는다.

다만, 어떤 방향이 지속 가능하고,

어떤 방향이 소모적인지를 미리 보여 줄 뿐이다.

따라서 명리를 안다는 것은 정답을 받는 것이 아니라,

선택의 기준을 갖는 일이다.

삶의 방향은 하나의 결정으로 완성되지 않는다.

명식이 가진 구조,

시기가 만들어 내는 흐름,

그 안에서 반복되는 선택이

결국 삶의 방향을 형성한다.

제8장에서 다룬 핵심은 명리 해석에서 '판단 기준'을 어떻게 설정할 것인가에 관한 문제이다. 학술 명리는 개인의 직관이나 경험에만 의존하지 않으며, 일정한 기준과 논리를 통해 해석의 일관성을 유지하려 한다. 이는 명리를 주관적 해석의 영역에서 벗어나게 하는 중요한 요소이다.

판단 기준이란 정답을 의미하지 않는다. 오히려 해석의 출발점을 명확히 하고, 해석자가 임의로 결론을 비약하지 않도록 돕는 장치에 가깝다. 이러한 기준이 존재할 때 명리 해석은 설명 가능한 언어를 갖게 된다.

제8장의 논의는 명리를 학문으로 유지하기 위한 최소한의 객관성 확보 과정이라 할 수 있다.

가상의 한 사례에서 두 명의 해석자는 동일한 명식을 두고 전혀 다른 결론에 도달한다. 한 해석자는 명확한 판단 기준 없이 경험적 직관에 따라 해석을 진행하고, 다른 해석자는 구조와 흐름을 중심으로 설정된 기준에 따라 분석한다.

첫 번째 해석은 설명이 단순하고 직관적이지만, 질문이 이어질수록 논리적 일관성이 약해진다. 반면 두 번째 해석은 결론에 이르기까지의 과정이 비교적 명확하며, 해석의 범위와 한계 또한 함께 제시된다.

이 사례는 판단 기준의 존재 여부가 해석의 신뢰도에 얼마나 큰 영향을 미치는지를 보여 준다. 학술 명리는 결과보다 과정의 설명 가능성을 중시한다.

제8장의 이론을 실제 해석에 적용할 때에는 몇 가지 실천 원칙이 필요하다. 첫째, 해석의 기준을 사전에 설정하고 그 기준을 일관되게 유지해야 한다. 둘째, 기준에 맞지 않는 요소는 과감히 해석에서 제외하거나 보조적 참고 자료로 한정해야 한다. 셋째, 판단 기준 자체가 절대적이지 않음을 인식하고, 상황에 따라 조정 가능성을 열어 두어야 한다.

이러한 원칙은 명리를 고정된 결론의 학문이 아니라, 검토와 성찰의 학문으로 작동하게 한다. 제8장은 이러한 학술적 태도를 정립하기 위한 중요한 단계에 해당한다.

제8장 핵심 정리

종합 명식 해석과 구조적 판단의 완성

종합 명식 해석은 개별 이론의 나열이 아니라, 앞선 모든 분석 결과를 하나의 구조로 통합하는 과정이다. 본 장에서 다루는 종합 해석은 단편적 결론을 도출하는 데 목적이 있는 것이 아니라, 명식이 어떤 논리로 작동하며 어떤 방향으로 전개되는지를 일관되게 설명하는 판단 체계를 완성하는 데 있다.

종합 해석의 첫 단계는 각 이론의 위계를 정리하는 것이다. 음양오행은 기본 좌표를 제공하고, 십성과 육친은 관계의 작용 방식을 드러내며, 격국은 명식의 중심 질서를 규정한다. 용신은 이 질서를 유지·조정하는 기준점이며, 대운·세운은 그 구조가 시간 속에서 어떻게 반응하는지를 보여 준다. 이 위계가 명확히 정리될 때, 해석은 흔들리지 않는 일관성을 갖는다.

두 번째 단계는 충돌 요소의 조정이다. 실제 명식에서는 강점과 약점, 유리한 작용과 불리한 자극이 동시에 존재한다. 종합 해석에서는 이러한 요소를 단순히 상쇄하거나 평균화하지 않고, 어떤 요소가 구조의 중심을 이루는지를 기준으로 판단해야 한다. 중심 질서에 부합하는 작용은 강화 요인으로, 그렇지 않은 요소는 조정 대상으로 해석된다.

세 번째 단계는 현실 적용 가능성의 검토이다. 종합 해석은 이론적으로 타당하더라도 현실과 동떨어지면 의미가 축소된다. 따라서 개인의 환경, 선택, 사회적 조건을 고려하여 해석의 범위를 설정하고, 실제로 활용 가능한 판단 기준으로 정제하는 과정이 필요하다. 이 단계에서 해석은 예언이 아니라 전략으로 전환된다.

종합 해석에서 가장 중요한 원칙은 결론의 과잉을 경계하는 것이다. 명리학은 모든 결과를 단정하기보다, 가능한 방향과 주의점을 제시하는 데 그 강점이 있다. 따라서 종합 판단은 확정적 문장보다는, 구조적 이해를 바탕으로 한 합리적 설명의 형태로 제시되는 것이 바람직하다. 이는 해석자의 책임을 명확히 하고, 해석 대상자의 선택권을 존중하는 접근이다.

본 장에서 정리한 종합 명식 해석의 기준은 본서 전반에서 논의한 모든 이론을 하나의 체계로 묶는 완성 단계에 해당한다. 이 과정을 통해 명리학은 부분적 해석의 집합이 아니라, 일관된 구조 분석 학문으로 자리 잡는다. 이러한 종합적 관점은 이후 결론과 부록에서 제시될 해석 원칙의 토대가 되며, 본서의 학술적 완성도를 결정짓는 핵심 기준임을 분명히 한다.

명리를 어디까지
의지해야 하고,
어디서부터는
내려놓아야 하는가

●

해석이 삶을 대신하지 않도록 하는 기준

명리를 오래 공부할수록

사람은 두 가지 위험한 지점에 서게 된다.

하나는

명리를 전혀 믿지 않게 되는 것이고,

다른 하나는

명리에 지나치게 의존하게 되는 것이다.

이 장은

그 두 극단 사이에서 명리를 어디까지 사용해야 하는지,

그리고, 어디서 멈춰야 하는지를 분명히 하기 위해 쓰였다.

1 | 명리는 삶을 대신 살아 주지 않는다

명리를 처음 접한 사람은

자주 이런 기대를 갖는다.

사주를 알면 실수를 줄일 수 있을 것 같고

운을 알면 실패를 피할 수 있을 것 같고

해석을 들으면 선택이 쉬워질 것 같다.

그러나 명리는

삶을 대신 결정해 주는 도구가 아니다.

명리는

선택을 대신해 주지 않고, 결과를 책임져 주지도 않는다.

그 역할은 끝까지 개인에게 남는다.

2 | 해석이 많아질수록 선택은 흐려질 수 있다

공부가 깊어질수록 해석은 점점 정교해진다.

이 경우에는 이렇게 볼 수 있고

저 조건에서는 저렇게도 가능하고,

아직 결정하기엔 이르다는 말도 가능하다.

이때 사람은 선택을 미루기 쉬워진다.

명리는

선택을 돕는 도구이지,

선택을 연기하는 핑계가 되어서는 안 된다.

3 | 명리를 핑계로 삼기 시작하는 순간

가장 조심해야 할 지점은 이 순간이다.

"사주가 원래 이래서…."

"지금 운이 안 좋아서…."

"때가 아니라서 어쩔 수 없어…."

이 말들이

자신을 이해하기 위한 설명이 아니라,

책임을 미루기 위한 변명이 되는 순간 명리는 독이 된다.

명리는

자기 합리화를 돕기 위해 존재하지 않는다.

4 | 좋은 해석의 기준은 '삶이 가벼워지는가'다

해석을 듣고 난 뒤 삶이 더 무거워졌다면

그 해석은 과하다.

해야 할 일이 늘어나고,

두려움이 커지고,

결정이 더 어려워졌다면,

그것은 삶을 돕는 해석이 아니다.

좋은 해석은 선택의 부담을 없애 주지는 않지만,

불필요한 두려움은 줄여 준다.

5 | 명리는 질문을 줄이기 위해 쓰는 학문이다

사람들은 흔히 명리를 더 많이 알수록
질문이 늘어날 것이라 생각한다.
하지만 제대로 사용된 명리는 질문을 줄인다.

지금 이 선택이
내 구조를 심하게 거스르는가?
아니면 감당 가능한 범위인가?
이 정도의 질문이면 충분하다.

그 이상은
삶이 아니라 해석에 머무르게 만든다.

6 | 내려놓아야 할 순간이 있다

명리를 공부한 사람일수록 내려놓는 연습이 필요하다.
더 이상 분석하지 않고,
더 이상 비교하지 않고,
지금의 선택을 받아들이는 순간,
명리는
결정 이후까지 끌고 가야 할 짐이 아니다.
선택이 끝났다면 명리는 잠시 내려놓아도 된다.

7 ㅣ 명리는 불안할 때가 아니라, 평온할 때 점검한다

사람들은 흔히 불안할 때 명리를 찾는다.
그러나 가장 좋은 사용 시점은 마음이 비교적 평온할 때다.

그때의 해석은
과장되지 않고,
두려움에 끌려가지 않으며,
현실과 괴리되지 않는다.
명리는
위기의 해답이 아니라 일상의 점검 도구에 가깝다.

8 ㅣ 의지와 자율의 경계

명리를 삶에 적용한다는 것은 의존이 아니라 참조다.
나침반은 방향을 알려 주지만 걷는 것은 내가 한다.
지도는 길을 보여 주지만 선택은 내가 한다.
명리는
이 나침반과 지도에 가깝다.
그 이상을 기대하면 삶의 주도권은 흔들린다.

9 ㅣ 명리를 잘 쓴다는 것의 정의

명리를 잘 쓴다는 것은 많이 아는 것이 아니다.

- 덜 흔들리고
- 덜 후회하고
- 다시 돌아오는 시간이 짧아지는 것

이 세 가지면 충분하다.

명리는

완벽한 삶을 만드는 도구가 아니라,

회복력 있는 삶을 만드는 언어다.

10 I 이 장의 정리

이 장의 핵심은 네 가지다.

- 명리는 선택을 대신하지 않는다.
- 해석은 삶을 가볍게 해야 한다.
- 명리는 변명이 아니라 기준이어야 한다.
- 의존이 아니라 참조의 거리에서 사용해야 한다.

이 네 가지가 지켜질 때 명리는 삶을 해치지 않고 삶을 돕는다.

11 I 다음 장을 예고하며

이제 이 책은 이론의 끝자락을 지나 정리의 단계로 들어간다.

다음 장에서는

명리를 처음 배우는 사람과 오래 공부한 사람이

각각 이 책을 어떻게 활용해야 하는지,

즉, 이 책을 '어떻게 끝까지 써먹을 것인가'를 다룬다.

기준으로 삼되, 대신 살게 하지는 말 것

1 I 명리를 의지한다는 말의 혼란

명리를 공부하거나 활용하는 사람들 사이에서
가장 많이 등장하는 질문 중 하나는
"어디까지 믿어야 하는가?"이다.
이 질문 속에는 명리를 전적으로 의지해야 하는지,
아니면 참고만 해야 하는지에 대한 혼란이 함께 담겨 있다.
그러나 명리학의 본래 역할은
믿음의 대상이 아니라 판단의 기준에 가깝다.

2 I 명리는 결정을 대신하지 않는다

명리는
삶의 선택을 대신 내려 주지 않는다.
사주 명식은
가능성과 한계를 보여 줄 뿐이며,
그 정보를 어떻게 사용할지는
항상 개인의 몫으로 남는다.
만약 명리가 모든 결정을 대신하게 된다면,
그 순간부터 명리는 도움이 아니라 의존의 대상이 된다.

3 | 의지가 필요한 지점과 그렇지 않은 지점

명리를 활용할 때

의지해도 되는 영역과 경계해야 할 영역은

분명히 구분되어야 한다.

명리는

방향, 설정, 시기, 판단, 반복, 패턴, 인식과 같은 영역에서는

매우 유효한 기준이 된다.

반면

- 감정의 책임
- 인간관계의 선택
- 삶의 가치 결정

이 같은 영역까지 맡기기 시작하면

명리는 본래의 역할을 벗어나게 된다.

4 | 명리를 과도하게 의지할 때 생기는 문제

명리를 지나치게 의지하면 다음과 같은 문제가 나타난다.

- 스스로 판단하지 않게 됨
- 결과를 운에만 귀속시킴
- 실패의 책임을 외부로 돌림

이때 명리는

삶을 돕는 도구가 아니라 회피의 장치로 변질된다.

5 | 명리를 배척할 때 생기는 또 다른 오류

반대로 명리를 전혀 의지하지 않겠다는 태도 역시 균형을 잃기 쉽다.

구조와 흐름을 무시한 선택은 같은 문제를 반복하게 만들고,

왜 늘 비슷한 지점에서 막히는지 이해하지 못하게 한다.

명리의 가치는 맹신과 배척 사이의 중간 지점에서 발휘된다.

6 | 명리 의지의 적정 범위 정리

명리는 인간의 삶을 대신 결정하거나 대신 살아 주는 체계가 아니다.

명리는 삶의 흐름과 구조를 해석하여,

개인이 자신의 위치를 이해하도록 돕는 해석 도구에 가깝다.

따라서 명리를 어디까지 의지하는 것이 적절한지에 대한 구분은

명리 활용의 성숙도를 가늠하는 핵심 기준이 된다.

명리가 수행할 수 있는 역할은 분명하다.

명리는 개인의 성향과 환경, 시기적 흐름을 구조적으로 설명할 수 있으며, 삶에서 반복되는 패턴과 반응의 경향을 해석할 수 있다. 또한 특정 시기에 작용하는 조건과 가능성을 분석하여, 유리한 방향과 주의해야 할 흐름을 제시할 수 있다. 이 과정에서 명리는 판단의 기준을 제공하고, 선택을 위한 참고 자료로 기능한다.

그러나 명리는 결코 개인의 결정을 대신할 수 없다.

어떤 선택을 할 것인지는 오직 당사자의 몫이며, 그 선택에 따른 결과와 책임 역시 개인이 감당해야 한다. 명리는 선택을 강요하지 않으며, 결과를 확정하지도 않는다. 또한 감정을 통제하거나 삶을 대신 살아 주는 역할은 명리의 영역이 아니다.

명리가 제시하는 예측은 확정적 결과가 아니라 조건부 가능성이다.

동일한 명국과 시기라 하더라도, 개인의 태도와 행동에 따라 삶의 전개는 달라질 수 있다. 따라서 명리는 결과를 보장하는 도구가 아니라, 현재의 위치와 흐름을 이해하기 위한 해석의 틀로 활용되어야 한다.

문제는 명리를 삶의 기준이 아닌 삶의 주체로 착각할 때 발생한다.

명리가 선택을 대신하고, 책임을 대체하며, 감정의 이유가 되는 순간, 명리는 해석 도구가 아니라 의존 대상이 된다. 이때 삶의 주도권은 개인에게서 벗어나 외부 체계로 이동하게 되고, 이는 명리 활용의 본질을 훼손하는 결과를 낳는다.

성숙한 명리 활용이란 명리를 통해 모든 답을 얻으려는 태도가 아니라, 명리를 통해 질문을 명확히 하고, 선택의 구조를 이해하며, 삶의 주도권을 스스로에게 유지하는 것이다. 명리는 방향을 제안할 수는 있지만, 길을 걷는 것은 언제나 개인 자신이다.

정리하면, 명리는 삶의 지도를 제공할 수는 있으나, 그 길을 대신 걸어 주지는 않는다.

명리는 의존의 대상이 아니라 이해의 도구이며, 삶의 주체는 언제나 인간 자신이다.

7 ㅣ 성숙한 명리 활용이란 무엇인가

성숙한 명리 활용이란 명리를 통해 모든 답을 얻는 것이 아니라,
명리를 통해 더 나은 질문을 할 수 있게 되는 상태이다.
"지금 이 선택이 구조에 맞는가?"
"이 시기에 무리하고 있는 것은 아닌가?"
"반복을 줄이기 위해 조정할 수 있는 지점은 무엇인가?"
이 질문들이 가능해질 때,
명리는 삶을 제한하지 않고 오히려 확장시킨다.

8 ㅣ 제9장의 정리

명리는
의지의 대상이 아니라 참조의 기준이다.
어디까지 의지할 것인지를 아는 순간,
명리는 비로소
삶을 돕는 학문으로 자리 잡는다.
본 장은
이후 '명리를 삶에 어떻게 적용할 것인가'를 다루는 마무리 장으로
자연스럽게 이어진다.

제9장 A. 해석의 일관성과 학술 명리의 신뢰 구조

제9장에서 다룬 핵심은 명리 해석에서 '일관성'이 갖는 학술적 의미이다. 일관성은 동일한 명식을 언제, 누가 해석하더라도 일정한 분석 틀 안에서 설명이 가능해야 함을 뜻한다. 이는 해석 결과의 동일성을 요구하는 것이 아니라, 해석에 이르는 논리 구조의 안정성을 의미한다.

학술 명리에서 신뢰는 결과의 적중 여부만으로 형성되지 않는다. 오히려 해석의 과정이 설명 가능하고, 질문에 대해 다시 검토할 수 있을 때 신뢰는 축적된다. 일관된 해석 구조는 명리를 개인의 감각에 의존하는 기술에서 벗어나게 하며, 학문적 대화가 가능한 영역으로 확장시킨다.

제9장의 논의는 명리 해석을 체계화하기 위한 중요한 전제 조건을 제시한다.

　가상의 한 사례에서 한 인물은 여러 해석자에게 동일한 명식을 의뢰한다. 각 해석자는 서로 다른 결론을 제시하지만, 그 이유와 과정은 크게 다르다. 일부 해석은 직관적 판단에 의존하여 설명의 근거가 불명확하고, 질문이 이어질수록 논리가 흔들린다.

　반면 다른 해석자는 동일한 구조 분석 틀을 유지하며, 결론의 범위를 명확히 제시한다. 이 해석은 단정적이지 않지만, 해석의 전개 과정이 비교적 안정적이며 추가 질문에도 일관된 설명이 가능하다.

　이 사례는 해석 결과의 차이보다, 해석 과정의 일관성이 독자와 내담자에게 어떤 신뢰를 제공하는지를 보여 준다. 학술 명리는 결과의 화려함보다 해석의 안정성을 중시한다.

제9장 C. 일관성 있는 해석을 위한 점검 기준

　제9장의 이론을 실제 해석에 적용하기 위해서는 몇 가지 점검 기준이 필요하다. 첫째, 해석의 출발점이 되는 기준과 전제를 명확히 설정해야 한다. 둘째, 동일한 기준을 끝까지 유지하며 중간에 임의로 변경하지 않아야 한다. 셋째, 해석의 한계를 함께 제시함으로써 결과를 절대화하지 않아야 한다.

　이러한 기준은 명리를 반복 검토가 가능한 학문으로 유지하게 한다. 일관성 있는 해석은 명리를 단순한 판단 도구가 아니라, 이해와 소통의 언어로 기능하게 한다.

제9장 핵심 정리

명리학 해석의 한계와 오해, 그리고 현대적 전환

명리학은 오랜 시간 축적된 이론 체계를 바탕으로 인간과 사회를 해석해 온 학문이다. 그러나 그 전통성만으로 모든 해석이 정당화되는 것은 아니다. 본 장에서는 명리학 해석 과정에서 반복적으로 발생해 온 한계와 오해를 점검하고, 이를 넘어설 수 있는 현대적 전환의 기준을 정리한다.

가장 흔한 오해는 명리학을 결과 중심의 예언 도구로 인식하는 것이다. 특정 사주에 대해 성공과 실패, 길흉을 단정적으로 제시하는 방식은 명리학을 단순한 점술로 오인하게 만든다. 그러나 앞선 장들에서 살펴본 바와 같이, 명리 해석의 본질은 결과를 고정하는 데 있지 않고, 구조와 조건을 설명하는 데 있다. 이 점을 간과할 때 해석은 왜곡되기 쉽다.

두 번째 한계는 이론의 단편적 적용이다. 음양오행, 십성, 격국, 용신, 운의 흐름을 각각 독립적으로 적용하면서 종합 판단을 생략하는 경우, 해석은 일관성을 상실한다. 명리학은 부분 이론의 집합이 아니라, 상호 연결된 구조 분석 체계이기 때문에 어느 한 요소만으로 결론을 도출하는 접근은 학문적 설득력을 약화시킨다.

세 번째 문제는 시대 변화에 대한 고려 부족이다. 전통 명리학이 형성된 사회 구조와 현대 사회의 환경은 근본적으로 다르다. 직업 구조, 가족 형태, 인간관계의 방식이 변화한 현실에서 과거의 해석 틀을 그대로 적용하는 것은 현실 설명력을 떨어뜨릴 수 있다. 따라서 현대 명리학은 고전을 부정하는 것이 아니라, 그 원리를 현재의 조건에 맞게 재해석하는 작업을 필요로 한다.

현대적 전환의 핵심은 명리학을 '정답 제시의 학문'이 아니라 '이해와 선택을 돕는 학문'으로 재정의하는 데 있다. 명식은 인생의 결론이 아니라 출발 조건이며, 운은 피할 수 없는 명령이 아니라 대응을 요구하는 환경 변화이다. 이러한 관점은 명리학을 숙명론에서 분리시키고, 개인의 주체적 판단과 책임을 존중하는 이론 체계로 확장시킨다.

본 장에서 정리한 한계 인식과 전환의 기준은 명리학의 학문적 신뢰도를 높이는 중요한 과정이다. 명리 해석이 스스로의 범위와 한계를 명확히 인식할 때, 비로소 외부 비판에 흔들리지 않는 이론적 기반을 갖추게 된다. 이는 명리학이 전통 지식으로 머무르지 않고, 현대 사회에서도 유효한 해석 학문으로 존속할 수 있는 조건이 된다.

제10장

이 책을 끝까지
어떻게 써먹을 것인가

●

처음 공부하는 사람과 오래 공부한 사람을 위한 사용 설명서

이 장은 새로운 이론을 설명하기 위해 쓰이지 않았다.

이 책을 어떻게 읽어야 하는지, 어디까지 가져가야 하는지,

그리고, 언제 멈춰야 하는지를 분명히 하기 위해 쓰였다.

명리는

끝까지 가야만 의미가 있는 학문이 아니다.

하지만 잘못 끝내면 오히려 혼란만 남긴다.

1 ㅣ 이 책은 '정독용'이 아니다

이 책을 처음부터 끝까지 줄을 긋고 외우듯 읽으려는 순간
이미 방향을 잘못 잡은 것이다.

이 책은
사전처럼 옆에 두고 필요할 때 꺼내고
의문이 생길 때 돌아오는 참조용 구조물이다.
읽는 순서보다 중요한 것은 돌아오는 방식이다.

2 ㅣ 처음 공부하는 사람에게

처음 명리를 접하는 사람은 대개 같은 실수를 한다.
용어를 먼저 외우고
공식을 먼저 이해하려 하고
해석을 빨리하고 싶어 한다.
이 책을 처음 읽는 사람은
다음 세 가지만 지키면 된다.

① 속도를 늦출 것
이해되지 않는 문장은 지금 이해하지 않아도 된다.
명리는
한 번에 이해되는 학문이 아니다.
익숙해지는 학문이다.

② 앞부분에 오래 머무를 것

이 책의 앞부분은 뒤로 갈수록 계속 다시 쓰이게 된다.

기초는

지루해서 중요한 것이 아니라,

반복되기 때문에 중요한 것이다.

③ 해석을 흉내 내지 말 것

초보자가 가장 먼저 버려야 할 욕심은 '그럴듯한 해석'이다.

이 책에서 말하는 해석은 멋있기 위해 존재하지 않는다.

삶에 적용되기 위해 존재한다.

3 | 이미 공부한 사람에게

오래 공부한 사람일수록 이 책을 불편하게 느낄 수 있다.

단순해 보이고

너무 기본적인 말 같고

이미 알고 있는 이야기처럼 느껴질 수 있다.

하지만 이 책은

아는 사람을 시험하기 위한 책이 아니다.

정리하기 위한 책이다.

① 지식을 줄이는 데 사용하라

이 책을 읽으며

'이건 굳이 안 써도 되겠구나.'라는 생각이 들기 시작한다면

제대로 읽고 있는 것이다.

명리는
추가하는 학문이 아니라
정리하는 학문이다.

② 제자에게 설명하듯 읽어라
혼자 읽는 독서가 아니라
누군가에게 설명한다고 생각하며 읽으면
이 책의 구조가 보이기 시작한다.
설명할 수 없는 지식은 아직 자기 것이 아니다.

4 ㅣ 이 책을 읽다 멈춰야 하는 순간

계속 읽지 않아도 되는 순간이 있다.

> • 같은 내용이 반복되는 것처럼 느껴질 때
> • 이미 내 판단 기준과 겹치기 시작할 때
> • 책보다 삶이 먼저 떠오를 때

그때는 읽기를 멈춰도 된다.

이 책은
끝까지 읽어야 완성되는 책이 아니라,
중간중간 멈춰야 완성되는 책이다.

5 | 이 책을 강의로 쓰는 방법

이 책은 강의용으로도 쓰일 수 있도록 구성되어 있다.

- 한 장 = 한 강의
- 한 절 = 하나의 질문
- 예시는 설명의 보조 수단

강의에서

이 책의 문장을 그대로 읽을 필요는 없다.

구조만 가져가고 말은 각자의 언어로 바꾸는 것이 가장 좋은 활용이다.

6 | 이 책을 다시 보게 되는 시점

이 책은

한 번 읽고 끝낼 책이 아니다.

- 인생의 선택 앞에서 진로를 바꿀 때
- 누군가의 사주를 처음 맡을 때

그때 다시 펼치면

처음 읽었을 때와 전혀 다른 문장이 보일 것이다.

그 변화가 공부의 증거다.

7 ㅣ 이 책이 답하지 않는 것들

이 책은

모든 질문에 답하지 않는다.

"언제 부자가 되는가?"

"어떤 직업이 최고인가?"

"이 선택이 무조건 맞는가?"

이 질문들은 명리가 대신 답해 줄 수 없다.

이 책은 질문을 바꾸는 법까지만 책임진다.

8 ㅣ 명리를 공부하는 태도의 정리

이 책을 끝까지 읽고 가져가야 할 태도는 단순하다.

> • 조급해하지 말 것
>
> • 비교하지 말 것
>
> • 해석을 남용하지 말 것

명리는

인생을 앞질러 가는 학문이 아니다.

인생과 나란히 걷는 학문이다.

9 ㅣ 이 책의 마지막 역할

이 책의 최종 목적은

독자를 명리에서 자유롭게 만드는 것이다.

명리를 몰라도 살 수 있지만, 알면 조금 덜 흔들리는 상태.

그 정도면 충분하다.

명리는

의지가 아니라 배경지식으로 남아야 한다.

10 ㅣ 이 장의 정리

이 장에서 기억해야 할 것은 네 가지다.

- 이 책은 외우는 책이 아니다.
- 처음인 사람은 느리게, 오래 머물러라.
- 오래 한 사람은 줄이고 정리하라.
- 이 책은 삶으로 돌아가기 위한 다리다.

11 ㅣ 다음을 향해

이제 이 책은

마무리 단계로 들어간다.

다음 장에서는 명리를 공부하며 사람들이 가장 많이 흔들리는 지점,

즉 "나는 이걸 계속 공부해도 되는가?"라는 질문을 정면으로 다룬다.

읽는 책에서, 삶에 쓰는 책으로

1 I 이 책은 정답을 주기 위해 쓰이지 않았다

이 책은 미래를 단정하거나 정해진 답을 제시하기 위해 쓰이지 않았다.

본서는 명리를 통해 삶을 해석하는 틀과 기준을 제시하는 데 목적이 있다.

따라서 이 책의 가치는 읽는 순간보다 다시 펼칠 때 더 분명해진다.

2 I 처음 읽을 때와 다시 읽을 때의 차이

처음 이 책을 읽을 때 독자는 개념과 관점을 이해하는 데 집중한다.

그러나 시간이 지나 삶의 선택 앞에 서게 되었을 때,

이 책은 전혀 다른 모습으로 읽힌다.

- 왜 이 선택이 반복되는지
- 지금 이 시기가 어떤 성격을 띠는지
- 무엇을 조정해야 하는지

이 질문들에 대해 본서는 참고 가능한 기준을 제공한다.

3 I 이 책을 '활용서'로 만드는 방법

이 책을 제대로 쓰기 위해 모든 내용을 암기할 필요는 없다.

중요한 것은

자신에게 반복적으로 해당되는 관점과 구조를 찾아내는 일이다.

특정 장이 자주 눈에 들어온다면,

그 장은 지금의 삶과 가장 강하게 연결된 부분일 가능성이 크다.

4 | 삶의 국면마다 다른 사용법

이 책은

삶의 국면에 따라 다르게 사용될 수 있다.

> • 혼란의 시기에는 방향 점검용으로
> • 반복의 시기에는 구조 점검용으로
> • 선택의 시기에는 기준 확인용으로

이처럼 이 책은 한 번에 다 읽기보다,

필요할 때 꺼내 보는 방식이 적합하다.

5 | 명리를 삶에 적용할 때의 기본 원칙

본서를 활용할 때

다음 세 가지 원칙을 기억하면 충분하다.

> • 명리는 결정을 대신하지 않는다.
> • 구조를 이해하되, 책임은 자신이 진다.

• 시기를 참고하되, 삶을 미루지 않는다.

이 원칙이 유지될 때,

명리는 삶을 제한하지 않고 오히려 선택의 폭을 넓혀 준다.

6 ㅣ 이 책의 활용 구조 정리

이 장에서는

이 책을 어떻게 읽고, 언제 참고하며,

어떤 기준으로 활용해야 하는지를 구조적으로 정리한다.

이 책은 처음부터 끝까지 순서대로 읽어야 하는 책이 아니라,

삶의 상태에 따라 선택적으로 꺼내 쓰는 도구에 가깝다.

아래의 구조는 독자가 자신의 삶의 위치를 점검하고,

그에 맞는 활용 방식을 찾도록 돕기 위한 것이다.

① 삶의 상황

독자는 언제나 동일한 상태에 있지 않다.

방향이 흐릿한 시기, 선택을 앞둔 시기, 변화의 문턱,

혹은 일상을 유지해야 하는 시기 등

삶의 국면에 따라 필요한 기준과 질문은 달라진다.

이 책은 현재 내가 어떤 상황에 있는가를 먼저 인식하도록 요구한다.

② 책의 활용 방식

이 책은 해답을 외우는 방식이 아니라,

질문을 꺼내어 스스로 판단하도록 유도하는 방식으로 활용된다.

전체를 읽기보다 필요한 부분을 발췌한다.

반복되는 장은 상황이 달라질 때마다 다시 읽는다.

이해보다 '적용 가능한 구조'를 중심으로 본다.

③ 얻을 수 있는 효과

이 책의 효과는 즉각적인 문제 해결이 아니라

혼란의 정리, 판단 기준의 명료화, 선택의 안정에 있다.

독자는 답을 얻기보다

"왜 이 선택을 하려 하는가?"를 설명할 수 있게 된다.

④ 방향 혼란

방향을 잃었을 때 이 책은

새로운 목표를 제시하지 않는다.

대신, 잘못 붙잡고 있던 기준을 내려놓게 만든다.

혼란은 선택이 없어서가 아니라

기준이 정리되지 않았을 때 생긴다는 점을 드러낸다.

⑤ 해당 장 재독

같은 장을 다시 읽어야 할 시기가 있다.

그것은 책이 어려워서가 아니라

독자의 위치가 달라졌기 때문이다.

재독은 이해의 반복이 아니라

상황 변화에 따른 의미의 갱신이다.

⑥ 선택 기준 정리

이 책은 무엇을 선택하라고 말하지 않는다.

다만, 선택할 때 확인해야 할 기준의 순서를 제시한다.

지금의 선택이 두려움에서 나온 것인가?

반복되는 패턴을 강화하는 선택은 아닌가?

단기 안정과 장기 방향 중 무엇을 택하고 있는가?

⑦ 문제 반복 인식

비슷한 문제가 반복된다면

문제가 아니라 선택 구조가 반복되고 있는 것이다.

이 책은 사건을 분석하기보다

그 사건을 만들어 낸 구조를 보게 한다.

⑧ 구조적 장 참고

개별 장들은 독립적이면서도 연결되어 있다.

하나의 장이 막힐 때는

관련된 구조 장을 함께 참고하도록 설계되었다.

⑨ 패턴 인식

삶에는 개인마다 반복되는 선택 패턴이 있다.

이 책은 성격을 분석하지 않고 선택의 흐름과 반응의 구조를 드러낸다.

⑩ 변화 시기 확인

변화는 의지로 시작되지 않는다.

이미 삶의 구조가 변하고 있을 때 결정만 뒤늦게 따라온다.

이 책은 지금이 변화를 밀어야 할 시기인지,

버텨야 할 시기인지를 구분하게 한다.

⑪ **무리 감소**

이 책을 읽을수록

억지 결심, 과도한 다짐, 불필요한 긴장이 줄어든다.

선택은 가벼워지되 책임은 더 분명해진다.

⑫ **결정 앞**

결정을 앞둔 순간,

이 책은 용기를 주지 않는다.

대신, 후회가 줄어드는 선택 구조를 점검하게 한다.

⑬ **종합 관점 점검**

하나의 기준에 매달릴 때 판단은 흔들린다.

이 책은 여러 관점을 동시에 올려놓고 균형 상태를 확인하게 한다.

⑭ **판단 안정**

판단이 안정되면 선택의 결과가 어떻든 스스로를 소모하지 않는다.

이 책의 궁극적 목적은 정답이 아니라 판단의 지속 가능성이다.

⑮ **일상 유지**

모든 사람이 변화를 선택해야 하는 것은 아니다.

때로는 일상을 유지하는 것이 가장 정확한 선택일 수 있다.

이 책은 멈춤의 가치를 낮추지 않는다.

⑯ **부분 발췌 활용**

이 책은 전체를 소유하는 책이 아니라

필요한 문장을 그때그때 꺼내 쓰는 책이다.

⑰ **자기 점검**

이 책의 마지막 기능은 자기 점검이다.

지금의 선택이

내 삶의 구조와 어긋나지 않는지를 확인하는 도구로 사용된다.

7 ㅣ 이 책의 역할은 여기까지이다

이 책은 삶을 대신 살아 주지 않는다.

다만, 삶을 이해하는 관점과 선택을 점검하는 기준을 제공할 뿐이다.

그 기준을

어떻게 활용할지는 각자의 삶 속에서 완성된다.

8 ㅣ 제10장의 정리

이 책을 끝까지 써먹는다는 것은 모든 내용을 믿거나 따르는 것이 아니라,

필요한 순간에 적절한 관점을 꺼내 쓰는 것이다.

명리는 삶의 주인이 되기 위해 참고하는 학문이지,

삶을 맡기는 대상이 아니다.

이 책이 독자의 삶 곁에서 오래 참고되는 기준서가 되기를 바란다.

제10장 A. 해석의 한계 인식과 학술 명리의 성숙

제10장에서 다룬 핵심은 명리 해석에서 반드시 전제되어야 할 '한계 인식'이다. 학술 명리는 모든 삶의 결과를 설명하거나 예측할 수 있다는 전제를 갖지 않는다. 오히려 무엇을 설명할 수 있고, 무엇은 설명할 수 없는지를 구분하는 데서 학문적 성숙이 시작된다.

해석의 한계를 인식하지 못한 명리는 쉽게 단정과 과신으로 흐르기 쉽다. 반면 학술 명리는 해석의 범위를 명확히 설정하고, 그 범위 안에서만 판단을 제시한다. 이러한 태도는 명리를 절대적 진리의 체계가 아니라, 해석 가능한 언어의 체계로 자리 잡게 한다.

제10장의 논의는 명리를 사용하는 연구자와 해석자 모두에게 요구되는 기본적인 학술 윤리를 다루고 있다.

가상의 한 사례에서 한 해석자는 자신의 해석 능력을 과신하여 명식을 전면적으로 규정한다. 이 해석은 단정적이며 듣는 이에게 강한 인상을 남기지만, 시간이 지나면서 현실과의 괴리가 드러난다.

반면 다른 해석자는 동일한 명식을 두고 해석의 범위를 명확히 제한한다. 이 해석은 다소 조심스럽게 들릴 수 있으나, 실제 삶의 변화와 비교했을 때 높은 설명력을 유지한다. 또한 추가적인 상황 변화에도 유연하게 재해석이 가능하다.

이 사례는 해석의 힘이 단정성에서 나오는 것이 아니라, 절제와 검증 가능성에서 나온다는 점을 보여 준다. 학술 명리는 과신보다 신중함을 선택한다.

제10장 C. 한계 인식을 적용하기 위한 실천 기준

제10장의 이론을 실제 해석에 적용할 때에는 몇 가지 실천 기준이 필요하다. 첫째, 해석의 범위를 사전에 명확히 고지한다. 둘째, 설명할 수 없는 영역에 대해 침묵하거나 유보하는 태도를 유지한다. 셋째, 해석 결과를 하나의 참고 자료로 제시하고, 결정의 주체는 개인임을 분명히 한다.

이러한 기준은 명리를 인간의 삶을 통제하는 도구가 아니라, 이해를 돕는 학문으로 기능하게 한다. 제10장은 학술 명리가 지녀야 할 겸손과 책임의 태도를 정리하는 장이라 할 수 있다.

제10장 핵심 정리

명리 상담의 윤리와 해석자의 책임

명리학이 이론적 완성도를 갖추는 것만큼 중요한 요소는, 그 이론이 어떤 방식으로 사용되는가에 있다. 본 장에서는 명리 상담이 지녀야 할 윤리적 기준과 해석자가 감당해야 할 책임의 범위를 구조적으로 정리한다. 이는 기술의 문제가 아니라, 명리학이 사회 속에서 신뢰를 유지하기 위한 기본 전제에 해당한다.

명리 상담의 첫 번째 윤리 기준은 결론의 절제이다. 해석자는 자신의 분석이 갖는 영향력을 인식하고, 단정적 표현이나 공포를 유발하는 언어 사용을 경계해야 한다. 명리학은 삶을 규정하는 판결문이 아니라, 이해를 돕는 분석 도구이기 때문이다. 따라서 상담에서 제시되는 모든 해석은 선택의 여지를 남기는 설명의 형태를 갖추어야 한다.

두 번째 기준은 해석 범위의 명확화이다. 명리 해석은 개인의 성향과 구조적 조건을 설명하는 데 강점을 지니지만, 모든 결과를 예측하거나 결정할 수는 없다. 해석자가 자신의 권한을 과도하게 확장할 경우, 명리학은 학문이 아닌 권위로 오인될 위험이 있다. 그러므로 상담에서는 설명 가능한 영역과 그렇지 않은 영역을 분명히 구분하는 태도가 요구된다.

세 번째 기준은 책임의 분산이다. 명리 상담은 해석자가 모든 판단을 대신 내려 주는 과정이 아니라, 해석 대상자가 스스로 결정할 수 있도록 정보를 제공하는 과정이다. 이 점에서 상담의 결과에 대한 최종 책임은 해석자가 아닌 선택을 실행하는 당사자에게 귀속되어야 한다. 이러한 인식은 해석자를 보호함과 동시에, 상담의 건강한 구조를 유지하게 한다.

현대 사회에서 명리 상담은 심리 상담, 진로 상담, 인생 코칭과 유사한 기능을 수행하기도 한다. 그러나 이러한 유사성은 역할의 확대를 의미하지, 전문 영역의 침범을 정당화하지는 않는다. 명리 해석자는 자신의 전문성을 존중하되, 의료·법률·재정 등 타 전문 분야의 판단을 대체하지 않는다는 경계의식을 유지해야 한다.

본 장에서 정리한 윤리와 책임의 기준은 명리학을 개인의 재능이나 경험에 의존하는 영역에서 벗어나, 사회적으로 신뢰 가능한 해석 체계로 자리 잡게 하는 핵심 요소이다. 해석자가 이 기준을 내면화할 때, 명리학은 오해와 비판의 대상이 아니라, 성찰과 이해를 돕는 학문으로 기능하게 된다. 이러한 윤리적 토대는 본서의 이론 전반을 현실에서 안전하게 적용하기 위한 필수 조건임을 분명히 한다.

제11장

나는 이 공부를
계속해도 되는가

●

멈춤과 지속을 구분하는 기준

명리를 공부하다 보면

누구나 한 번쯤 이 질문 앞에 선다.

"나는 이 공부를 계속해도 되는가?"

이 질문은

의욕이 없어서 생기는 것이 아니다.

오히려 어느 정도 이해가 쌓였을 때 가장 자연스럽게 떠오른다.

이 장은

계속해야 하는 이유를 설득하기 위한 장이 아니다.

반대로

그만두라고 말하기 위한 장도 아니다.

이 장의 목적은 하나다.

계속할 공부와 내려놓아도 되는 공부를 구분하는 기준을

차분히 정리하는 것이다.

1 | 흔들림은 실패의 신호가 아니다

공부가 일정 단계에 이르면
사람은 흔들린다.

> • 더 깊이 가야 할지
> • 지금 정도로 충분한지
> • 이 길이 나에게 맞는지

이 흔들림을
많은 사람들은 실패로 해석한다.

그러나 명리의 관점에서 보면 이 흔들림은
이해의 층위가 바뀌고 있다는 신호다.
처음에는 '알고 싶어서' 공부하고,
그다음에는 '확인하기 위해' 공부하며,
그다음에는 '내 삶에 쓸 수 있는지'를 묻게 된다.
지금의 흔들림은 이 마지막 단계에 들어섰다는 표시다.

2 | 공부를 계속해야 하는 이유는 하나면 충분하다

사람들은
공부를 계속하기 위한 거창한 이유를 찾으려 한다.
"전문가가 되어야 하나?"
"직업으로 삼아야 하나?"

"남들보다 더 알아야 하나?"

그러나 명리를 계속 공부해야 하는 이유는 하나면 충분하다.

"이 공부가 나를 덜 흔들리게 만드는가?"

이 질문에 "그렇다."라고 답할 수 있다면 계속해도 된다.

그 외의 이유는 부차적이다.

3 ㅣ 내려놓아도 되는 공부의 신호

명리를 공부하며

다음과 같은 신호가 반복된다면 잠시 내려놓아도 된다.

> · 공부할수록 불안이 커질 때
>
> · 해석이 늘수록 선택이 어려워질 때
>
> · 삶보다 이론이 앞서기 시작할 때

이때의 문제는

능력 부족이 아니라 거리 조절의 실패다.

명리는

가까이 붙잡을수록 삶을 가볍게 하지 못한다.

4 ㅣ 깊이와 집착은 다르다

깊이 있는 공부와 집착은 겉으로 보기엔 비슷해 보인다.

계속 파고들고 멈추지 않고 더 정확해지려 한다.

차이는 이것이다.

깊이는 삶을 정리하지만 집착은 삶을 잠식한다.

공부의 결과가

질문을 줄여 주고 있다면 깊이고, 질문을 늘리고 있다면 집착이다.

5 | '전문가의 길'은 모두에게 맞지 않는다

명리를 공부하는 모든 사람이 전문가가 되어야 할 필요는 없다.

오히려 전문가의 길은 명리를 사랑하는 사람 중 아주 일부에게만 맞는다.

> • 타인의 인생을 책임질 준비
> • 자신의 해석을 의심할 수 있는 태도
> • 결과에 흔들리지 않는 정서

이 세 가지가 준비되지 않았다면

전문가의 길은 오히려 삶을 소모시킨다.

명리는

직업이 되지 않아도 충분히 가치가 있다.

6 | '생활 공부'로 남겨도 충분하다

명리를

생활 공부로 남겨 두는 선택은 결코 후퇴가 아니다.

> • 중요한 선택 앞에서 참고하고

- 관계가 흔들릴 때 점검하고
- 자기 이해의 언어로 사용하는 것

이 정도면 명리는 이미 제 역할을 하고 있다.

지속의 형태는 한 가지가 아니다.

7 | 공부를 멈출 줄 아는 사람이 오래간다

아이러니하게도 오래 공부하는 사람들은 잘 멈춘다.

- 필요할 때 멈추고
- 삶이 복잡해질 때 내려놓고
- 다시 필요해질 때 돌아온다.

이 유연함이 공부를 소진시키지 않는다.

명리는

붙잡고 있어야 사라지지 않는 학문이 아니다.

8 | 다시 돌아오는 순간이 있다

명리를 내려놓았다가 다시 돌아오는 순간이 있다.

- 설명할 언어가 필요해질 때
- 판단의 기준이 흐려질 때

• 누군가의 질문 앞에 섰을 때

그때 돌아오면 된다.

그 사이의 시간은 공백이 아니라 삶이 공부를 대신한 시간이다.

9 | 공부의 끝은 '자기 확신'이 아니다

많은 사람들이 공부의 끝을 확신으로 착각한다.

이제는 다 알겠다. 흔들리지 않겠다.

그러나 명리 공부의 끝은 확신이 아니라 겸손에 가깝다.

　　• 단정하지 않게 되고

　　• 서두르지 않게 되며

　　• 타인의 삶을 가볍게 말하지 않게 된다.

이 변화가 있다면 공부는 이미 충분히 작동하고 있다.

재능의 문제가 아니라 태도의 문제

1 | 이 질문을 던진다는 것 자체의 의미

"나는 이 공부를 계속해도 되는가?"라는 질문은
이미 이 공부를 가볍게 대하지 않는다는 증거이다.
아무 고민 없이 이어지는 공부는 대개 오래가지 않는다.
반대로 이 질문 앞에 서는 순간은
명리를 단순한 호기심의 대상에서 삶의 일부로 받아들이기 시작했음을
의미한다.

2 | 명리 공부를 계속해야 하는 사람의 기준

명리 공부를 계속해도 되는 사람은 특별한 재능을 타고난 사람이 아니다.
다음과 같은 태도를 가진 사람이다.

- 명리를 통해 자신을 점검하려는 사람
- 정답보다 구조를 이해하려는 사람
- 타인을 판단하기보다 이해하려는 사람

이 기준은
능력보다 방향을 묻는다.
명리는 방향이 맞을 때 비로소 힘을 발휘하는 학문이다.

3 | 계속하면 안 되는 경우도 있다

모든 사람이

명리 공부를 끝까지 끌고 가야 하는 것은 아니다.

다음과 같은 경우에는 잠시 내려놓는 것도 하나의 선택이 될 수 있다.

- 명리를 결과 예측 도구로만 사용할 때
- 불안을 잠재우기 위한 의존이 강해질 때
- 삶의 책임을 외부로 넘기기 시작할 때

이 경우 명리는 공부가 아니라 부담이 된다.

4 | 흔들림은 중단의 신호가 아니다

공부를 하다 보면 반드시 회의가 찾아온다.

"이게 과연 맞는 길인가?"

"내가 이 정도를 할 수 있는 사람인가?"

이 흔들림은 중단의 신호가 아니라

학습 단계가 바뀌고 있다는 신호일 가능성이 크다.

명리 공부는

이해의 층위가 넘어갈 때마다 한 번씩 멈춰 서게 만든다.

5 | 오래 남는 공부의 조건

명리는

짧은 시간에 성과를 내는 공부가 아니다.
오래 남는 명리 공부에는 다음과 같은 특징이 있다.

- 삶과의 연결을 잃지 않는다.
- 질문이 점점 깊어진다.
- 판단보다 관찰이 늘어난다.

이 과정이 유지된다면,
속도가 느려 보여도 공부는 제대로 가고 있는 것이다.

6 | 명리 공부 지속 여부 점검

명리 공부는 끝까지 밀어붙이는 학문이 아니다.
오히려 지금 계속하는 것이 맞는지, 잠시 내려놓아야 하는지,
스스로 점검할 줄 아는 태도까지 포함해 명리 공부라 할 수 있다.
이 점검은 실력의 높고 낮음을 가르는 기준이 아니다.
얼마나 많은 이론을 아는지가 아니라,
이 공부가 지금의 삶을 돕고 있는지,
아니면 소모시키고 있는지를 확인하기 위한 과정이다.
명리 공부가 건강하게 이어질 때는 목적이 분명하다.
불안을 덮기 위해서가 아니라,
삶을 이해하고 선택을 정리하기 위한 도구로 사용된다.
이해와 성찰의 시간이 늘어나고,
해석의 속도가 느려져도 조급해지지 않는다.
질문은 줄어들지 않고 오히려 깊어지며,

하나의 정답보다는 여러 가능성을 받아들이게 된다.

이럴 때 명리는 사람을 재단하는 기준이 아니라,
자기 자신을 돌아보는 거울이 된다.
타인을 판단하기보다 이해하려는 태도가 생기고,
운명 탓을 하기보다는 자신의 선택에 책임을 지게 된다.
공부를 할수록 마음은 차분해지고, 현실과의 거리도 가까워진다.
반대로, 잠시 멈춰 볼 신호도 분명히 존재한다.
공부의 목적이 이해가 아니라 불안 해소나 우위 확인이 될 때,
이론은 늘어나는데 생각은 줄어들고,
질문 없이 단정만 늘어날 때이다.

명리를 할수록 마음이 예민해지고, 사람을 쉽게 규정하며,
현실의 선택을 미루거나 회피하게 된다면
그때의 명리는 학문이 아니라 의존이 된다.
이 경우 잠시 내려놓는 것은 후퇴가 아니다.
명리는 억지로 붙잡을수록 흐려지고,
거리를 둘수록 다시 또렷해지는 특성을 가진 학문이다.
지금 멈춘다고 해서 사라지는 공부는 아니다.
때가 되면 다시 돌아와 이전보다 깊은 의미로 다가온다.
따라서 명리 공부의 지속 여부는
끈기의 문제가 아니라 자기 상태를 읽는 능력의 문제다.
이 점검이 가능한 사람이라면, 이미 명리를 공부할 자격은 충분하다.

7 I 그만두어도 괜찮은 공부, 돌아와도 괜찮은 학문

명리는

잠시 내려놓아도 다시 돌아올 수 있는 학문이다.

억지로 붙잡지 않아도, 때가 되면 다시 의미를 가지고 다가온다.

따라서, 계속함과 멈춤은

성공과 실패의 문제가 아니라 삶의 리듬에 대한 선택이다.

8 I 제11장의 정리

이 장에서 기억해야 할 핵심은 다섯 가지다.

- 흔들림은 실패가 아니라 단계의 신호다.
- 계속해야 할 이유는 하나면 충분하다.
- 불안을 키우는 공부는 잠시 내려놓아도 된다.
- 전문가는 선택이지 의무가 아니다.
- 멈출 줄 아는 사람이 오래 공부한다.

이 다섯 가지는 명리뿐 아니라 모든 공부에 적용된다.

9 I 다음 장을 예고하며

이제 이 책은 마지막 장으로 향한다.

다음 장에서는 이 모든 이야기를 하나의 문장으로 정리한다.

"명리는 결국 무엇을 남기기 위한 학문인가?"

이 질문에 대한 답으로 이 책을 마무리한다.

제11장 A. 학술 명리와 통속 명리의 경계 설정

　제11장에서 다루는 핵심 주제는 학술 명리와 통속 명리를 구분하는 기준이다. 두 영역은 동일한 전통적 뿌리를 공유하지만, 접근 방식과 목적에서는 분명한 차이를 가진다. 학술 명리는 해석의 근거와 논리 구조를 중시하며, 설명 가능성과 검토 가능성을 중요한 가치로 삼는다.

　통속 명리는 대중적 이해와 전달을 우선하는 경향이 있다. 이는 명리의 대중화라는 측면에서는 의미가 있으나, 해석 과정이 지나치게 단순화될 경우 명리 본래의 구조적 의미가 훼손될 수 있다. 학술 명리는 이러한 위험을 인식하고, 명리를 분석 가능한 언어로 정제하려는 시도라 할 수 있다.

　이 장에서 말하는 경계 설정은 우열의 문제가 아니다. 학술 명리는 연구와 교육의 영역에서 기능하고, 통속 명리는 대중적 소통의 영역에서 기능한다. 이 역할 구분이 명확할수록 명리는 혼란 없이 각자의 자리에서 의미를 발휘할 수 있다.

가상의 한 사례에서 한 해석자는 통속적 표현을 사용하여 명식을 단정적으로 설명한다. 이 해석은 짧은 시간 안에 강한 인상을 남기지만, 당사자에게 불필요한 불안과 오해를 유발한다. 해석의 근거와 범위가 충분히 설명되지 않았기 때문이다.

반면 다른 해석자는 학술적 기준을 유지하며 해석의 전제와 한계를 명확히 밝힌다. 이 해석은 즉각적인 자극은 적지만, 질문과 재검토가 가능하며 당사자가 스스로 판단할 여지를 남긴다. 결과적으로 해석은 삶의 방향을 통제하는 수단이 아니라, 이해를 돕는 참고 자료로 기능한다.

이 사례는 명리 해석이 단순한 말의 기술이 아니라, 해석자의 책임과 윤리를 수반하는 행위임을 보여 준다. 특히 연구자와 교육자의 위치에 있는 해석자는 표현의 신중함과 해석의 절제를 반드시 고려해야 한다.

제11장의 논의를 실제 연구와 해석에 적용하기 위해서는 몇 가지 실천 기준이 필요하다. 첫째, 해석의 목적과 범위를 사전에 명확히 설정해야 한다. 둘째, 통속적 표현을 사용할 경우에도 그 한계를 분명히 인식하고 보완 설명을 덧붙여야 한다. 셋째, 명리를 개인의 삶을 규정하는 도구로 사용하지 않도록 주의해야 한다.

이러한 기준은 학술 명리를 지속 가능한 연구 대상으로 유지하게 한다. 명리는 단정과 예언의 언어가 아니라, 인간과 삶을 이해하기 위한 해석의 언어로 사용될 때 그 학문적 가치를 온전히 발휘할 수 있다. 제11장은 이러한 태도를 정리하며, 학술 명리의 방향성을 분명히 하는 장이다.

제11장 핵심 정리

현대 명리학의 확장 가능성과 학문적 정립

명리학은 오랜 전통 속에서 형성된 해석 체계를 지니고 있지만, 그 가치가 과거에만 머무르는 것은 아니다. 본 장에서는 앞선 이론과 실천, 윤리적 기준을 바탕으로, 명리학이 현대 사회에서 어떤 방식으로 확장되고 정립될 수 있는지를 구조적으로 정리한다. 이는 새로운 이론을 제시하기보다, 기존 명리학이 지닌 잠재력을 학문적으로 재배치하는 과정에 해당한다.

현대 명리학의 확장 가능성은 적용 영역의 확대에서 먼저 확인된다. 전통적으로 개인의 운명과 길흉 해석에 집중되었던 명리학은, 이제 성향 분석, 관계 구조 이해, 의사 결정 지원 등 다양한 영역에서 활용될 수 있다. 이러한 확장은 명리학이 예언 중심의 지식이 아니라, 구조 분석 기반의 해석 학문임을 전제로 할 때 가능하다.

학문적 정립을 위해 가장 중요한 과제는 개념의 명확화이다. 음양오행, 십성, 격국, 용신과 같은 핵심 개념은 비유적 설명에 머무르지 않고, 서로 어떤 논리적 관계를 맺는지 분명히 정리될 필요가 있다. 이러한 작업은 명리학을 신비화에서 분리시키고, 이론 간 일관성을 갖춘 체계로 자리 잡게 하는 기반이 된다.

또 하나의 과제는 타 학문과의 경계 설정이다. 명리학은 심리학, 사회학, 철학과 접점을 가질 수 있으나, 이를 무분별하게 혼합할 경우 오히려 정체성이 흐려질 위험이 있다. 따라서 현대 명리학은 타 학문의 개념을 차용하기보다, 자신의 언어와 구조를 통해 설명력을 확장하는 방향을 선택해야 한다. 이는 명리학의 독자성을 유지하면서도 학문적 대화를 가능하게 한다.

현대 사회에서 명리학이 지속성을 확보하기 위해서는 검증과 소통의 구조도 중요하다. 해석 과정과 판단 기준을 공개하고, 서로 다른 해석이 어떤 전제와 논리에서 비롯되는지를 설명할 수 있을 때, 명리학은 폐쇄적 지식이 아닌 토론 가능한 학문 영역으로 발전할 수 있다. 이러한 태도는 명리학에 대한 외부의 오해를 줄이고, 학문적 신뢰도를 높이는 데 기여한다.

본 장에서 정리한 현대 명리학의 확장과 정립의 방향은, 본서가 단순한 이론서나 실전 지침서를 넘어, 명리학을 하나의 해석 학문으로 자리매김하려는 시도임을 보여 준다. 이는 전통을 계승하면서도 현재의 조건에 응답하는 작업이며, 앞으로의 명리 연구와 실천이 나아갈 하나의 기준점이 될 것이다.

제12장

명리는 무엇을
남기기 위한 학문인가

●

이 공부가 삶에 머무는 방식

이 장은

무언가를 더 설명하기 위해 쓰이지 않았다.

이 책의 마지막에서 새로운 이론이나 기술을 덧붙이는 것은

이 책의 성격과 맞지 않는다.

이 장의 역할은 하나다.

이 책이 끝난 뒤에도

명리가 어떤 자리에 남아 있어야 하는지를 분명히 하는 것이다.

1 | 명리는 답을 남기지 않는다

많은 사람들이 명리를 공부하면 '정답'을 얻게 될 것이라 기대한다.

- 이 선택이 맞는지
- 이 시기가 좋은지
- 이 사람이 옳은지

그러나 명리는 이 질문들에 명확한 답을 남기지 않는다.
명리가 남기는 것은 답이 아니라 판단의 구조다.
답은 상황이 바뀌면 바뀌지만,
구조는 상황이 달라져도 다시 사용할 수 있다.

2 | 명리가 삶을 대신하지 않는 이유

명리가 위험해지는 순간은 삶을 대신하려 할 때다.

- 결정 대신 해석을 쓰고
- 책임 대신 이론을 앞세우고
- 불안을 줄이기보다 정당화할 때

이때 명리는
도구가 아니라 핑계가 된다.
이 책이 명리를 '배경 지식'으로 두라고 강조한 이유는
명리가 전면에 나설수록 삶의 감각이 무뎌지기 때문이다.

3 | 좋은 공부의 기준

이 책을 통해 명리를 공부했다면 하나의 기준만 남기면 충분하다.

이 공부가 나를 더 단정하게 만들었는가.

여기서 말하는 단정함은 확신이나 자신감이 아니다.

- 말을 아끼게 되었는가
- 타인의 삶을 가볍게 재단하지 않게 되었는가
- 선택의 결과를 스스로 감당할 준비가 되었는가

이 변화가 있다면 공부는 이미 충분하다.

4 | 명리는 사람을 나누기 위해 존재하지 않는다

명리는 사람을 구분하는 학문이 아니다.

- 좋은 사주
- 나쁜 사주
- 되는 사람
- 안 되는 사람

이런 언어는 명리를 설명하는 것 같지만
실제로는 명리를 훼손한다.

명리는

사람을 나누기 위해 존재하는 것이 아니라,

사람을 이해하기 위해 만들어진 틀이다.

5 | 예측보다 중요한 것

명리를 공부한 사람일수록 예측에 집착하기 쉽다.

- 언제 좋아지는가
- 언제 끝나는가
- 언제 바뀌는가

그러나, 예측이 맞는가보다 중요한 것은 예측 이후의 태도다.

- 결과를 기다리는 동안 무엇을 했는가
- 예측이 빗나갔을 때 어떻게 반응했는가
- 맞았을 때 겸손했는가

명리는

미래를 맞히는 능력이 아니라 미래 앞에서의 태도를 다루는 학문이다.

6 | 이 책이 의도적으로 말하지 않은 것들

이 책에는 의도적으로 줄인 것들이 있다.

- 현란한 용어

- 과도한 공식
- 단정적인 결론

이것들은 공부를 쉽게 만드는 대신 생각을 멈추게 한다.
이 책이
불친절해 보일 수 있는 이유는 독자의 사고를 대신하지 않기 위해서다.

7 | 명리를 공부한 사람이 가져야 할 최소한의 윤리

명리를 공부했다면 기억해야 할 윤리는 많지 않다.

- 타인의 인생을 결정해 주지 말 것
- 불안을 자극하지 말 것
- 자신의 해석을 절대화하지 말 것

이 세 가지만 지켜도
명리는 사람을 해치지 않는다.
명리는 권력이 아니라 책임의 언어다.

8 | 공부 이후에 남는 것

공부가 끝난 뒤 무언가 남아야 한다면 그것은 지식이 아니다.

- 상황을 조금 더 길게 보는 시선
- 사람을 단정하지 않는 태도

> • 선택 앞에서 서두르지 않는 습관

이 정도면 충분하다.

명리는
삶을 바꾸기보다 삶을 조금 덜 흔들리게 만드는 역할이면 된다.

9 | 이 책을 덮는 순간

이 책을 덮는 순간 다시 삶으로 돌아가면 된다.

> • 사주보다 사람을 먼저 보고
> • 이론보다 상황을 먼저 살피고
> • 해석보다 책임을 먼저 떠안는 것

그때, 이 책은 제 역할을 다한 것이다.

10 | 마지막 정리

이 책 전체를 한 문장으로 정리하면 이렇다.
명리는
인생을 설명하기 위한 학문이 아니라,
인생 앞에서 말을 줄이기 위한 학문이다.
이 문장이 이 책을 읽은 뒤에도 어딘가에 남아 있다면
이 책은 이미 완성이다.

이 책은 명리를 시작하는 사람을 위해 쓰였고,

오래 공부한 사람이 다시 돌아올 수 있도록 쓰였다.

더 나아가고 싶다면 각자의 방식으로 나아가면 된다.

여기까지만 충분하다면 여기서 멈춰도 된다.

명리는 붙잡지 않아도 사라지지 않는다.

맞히는 기술이 아니라, 이해의 기준을 남기다

1 ǀ 명리는 무엇을 얻기 위한 학문이 아니다

명리학은 무엇을 얻기 위한 기술로 오해되기 쉽다.

- 미래의 결과
- 유리한 선택
- 불리한 시기의 회피

그러나 명리를 오래 공부할수록
이 학문이 무언가를 '얻기'보다는
무엇을 남기기 위한 학문에 가깝다는 사실을 알게 된다.

2 ǀ 명리가 남기는 첫 번째 것, 관점

명리가 남기는 가장 중요한 유산은 정답이 아니라 관점이다.
사람과 사건을 즉각적인 평가로 판단하지 않고,
구조와 흐름 속에서 바라보는 시선.
이 관점이 형성되면 삶의 많은 장면에서 불필요한 단정과 오해가 줄어
든다.

3 | 명리는 판단을 늦추는 힘을 남긴다

명리를 공부한 사람은 결론을 서두르지 않게 된다.
어떤 사건 앞에서도 "왜 이런 흐름이 만들어졌는가?"를 먼저 묻고,
"지금 판단해도 되는 시점인가?"를 고민하게 된다.
이 태도는 인생의 수많은 갈등을 조금 더 부드럽게 통과하게 만든다.

4 | 타인을 이해하는 언어로서의 명리

명리는 타인을 규정하기 위한 도구가 아니다.
사람마다 다른 구조와 다른 반응 경로를 가졌음을 이해하게 만드는
설명 언어에 가깝다.
이 언어를 갖게 되면 비난보다는 이해가,
단절보다는 조율이 늘어난다.

5 | 명리가 남기는 책임의 감각

명리는 모든 것을 운으로 돌리지 않게 만든다.
구조를 알수록 자신이 선택해야 할 지점과
책임져야 할 부분이 분명해지기 때문이다.
이때 명리는
회피의 수단이 아니라 자기 책임을 명확히 하는 기준이 된다.

6 | 명리가 남기는 것 정리

명리는 미래를 예언하거나 현실을 회피하기 위한 수단이 아니다.
명리가 궁극적으로 남기는 것은 삶을 대하는 태도의 변화이며,
그 변화는 사고, 판단, 관계, 책임의 방식에까지 깊이 작용한다.
명리를 제대로 이해한 사람에게 가장 먼저 나타나는 변화는
삶을 바라보는 시선의 이동이다.
개별 사건에 매몰되던 시선은 점차 구조로 옮겨가고,
우연처럼 보이던 일들은 흐름 속에서 이해되기 시작한다.

① 삶에서의 변화

명리는 인생을 '운에 휘둘리는 연속'이 아니라
선택과 책임이 누적된 구조로 인식하게 만든다.
이로 인해 삶은 불안의 대상이 아니라
관리하고 조정할 수 있는 영역으로 바뀐다.

② 사고의 변화

단편적인 좋고 나쁨의 판단에서 벗어나
원인-과정-결과를 함께 보는 사고가 형성된다.
이때부터 생각은 감정 반응이 아니라 이해와 해석의 방향으로 이동한다.

③ 구조적 관점의 형성

명리는 개인의 문제를 개인 탓으로만 보지 않는다.
환경, 시기, 관계, 흐름이라는 구조 속에서 자신의 위치를 인식하게 한다.
이 관점은 자기 비난도, 타인 비난도 줄인다.

④ **단정의 감소와 판단의 정교화**

명리를 공부할수록 "이렇다."라는 단정은 줄어들고
"지금은 이렇다."라는 판단이 늘어난다.
확신 대신 조건을 보게 되며, 성급한 결론 대신 여지를 남긴다.

⑤ **시기 인식의 강화**

모든 일에는 맞는 시기와 아닌 시기가 있음을 이해하게 된다.
이로 인해 조급함은 줄고, 기다림은 무기력이 아니라 전략이 된다.

⑥ **무리의 감소**

해야 할 일과 하지 말아야 할 일을 구분하게 되면서
불필요한 욕심과 과잉 노력이 줄어든다.
이는 포기가 아니라 에너지를 정확히 쓰는 능력이다.

⑦ **관계의 변화**

명리는 타인을 고치려 하기보다
다름을 이해하는 언어를 제공한다.
그 결과 관계에서의 갈등은 완화되고, 거리 조절 능력이 생긴다.

⑧ **이해의 언어 형성**

말은 공격이 아니라 설명이 되고,
설명은 변명이 아니라 공유가 된다.
명리는 소통의 언어를 감정에서 구조로 이동시킨다.

⑨ **선택과 기준 설정**

무엇을 선택할지보다 왜 선택하는지가 분명해진다.

이 기준은 흔들리지 않는 판단의 축이 된다.

⑩ 책임의 강화

명리는 핑계를 제거한다.

운을 알수록 책임은 약해지는 것이 아니라 오히려 더 분명해진다.

이해한 만큼 선택해야 하고, 선택한 만큼 감당해야 함을 알게 된다.

⑪ 삶의 흐름 인식

삶은 직선이 아니라 파동이라는 사실을 받아들이게 된다.

좋을 때와 나쁠 때 모두

지나간다는 감각이 생기며, 이는 삶을 견디는 힘이 된다.

⑫ 안정감의 증가

불확실성이 사라지는 것은 아니지만 불확실성을 다루는 힘은 커진다.

그 결과 삶 전반에 설명 가능한 안정감이 자리 잡는다.

정리 문장 (항 마무리용)

명리가 남기는 것은 예언이 아니라 태도이며,

회피가 아니라 책임의 기준이다.

삶을 통제하려는 욕망이 아니라 삶을 이해하려는 힘이

명리가 궁극적으로 남기는 결과다.

7 | 명리는 개인을 넘어 다음으로 이어진다

명리는 한 사람의 인생에서 끝나는 학문이 아니다.

> • 삶을 해석하는 방식
> • 사람을 대하는 태도
> • 선택을 바라보는 기준

이 세가지는 자연스럽게 다음 세대에게 전달된다.
이 지점에서 명리는 예측의 학문이 아니라 문화적 유산에 가까워진다.

8 | 제12장의 정리

명리는 미래를 맞히기 위해 존재하지 않는다.
삶을 이해하는 관점, 타인을 바라보는 언어, 선택을 책임지는 태도를 남기기 위해 존재한다.
이 책이 그 관점의 하나로 독자의 삶과 다음 삶에 조용히 남기를 바란다.

제12장에서 다루는 핵심은 명리 해석이 지녀야 할 '한계 선언'이다. 학술 명리는 모든 삶의 현상을 설명하거나 미래를 확정적으로 규정할 수 있다는 전제를 취하지 않는다. 오히려 무엇을 설명할 수 있고, 무엇은 설명의 범위를 벗어나는지를 분명히 구분하는 데서 학문적 신뢰가 형성된다.

해석의 한계를 명확히 인식하지 못할 경우, 명리는 쉽게 과장되거나 오용될 위험에 놓인다. 반대로 한계를 선언하는 태도는 명리를 절제된 분석 도구로 유지하게 하며, 해석 결과를 현실 판단과 결합할 수 있는 여지를 남긴다. 이는 학술 명리가 예언이 아닌 해석의 학문임을 분명히 하는 출발점이다.

제12장은 이러한 겸손의 태도가 명리를 학문으로 존속시키는 핵심 조건임을 강조한다.

가상의 한 사례에서 한 해석자는 명식을 근거로 삶의 결과를 단정적으로 제시한다. 이 해석은 초기에는 강한 확신을 제공하지만, 현실이 해석과 다르게 전개되면서 신뢰가 급격히 약화된다. 해석자는 추가 설명이나 수정이 어려워지고, 당사자는 혼란을 겪게 된다.

반면 다른 해석자는 동일한 명식을 두고 해석의 범위와 한계를 함께 제시한다. 이 해석은 단정적이지 않지만, 현실 변화에 따라 재검토와 조정이 가능하다. 당사자는 해석을 절대적 지침이 아니라, 판단을 돕는 참고 정보로 활용하게 된다.

이 사례는 해석의 힘이 단정성에서 나오는 것이 아니라, 한계를 인정하는 태도에서 나온다는 점을 보여 준다. 학술 명리는 설명의 크기보다 설명의 책임을 중시한다.

제12장의 논의를 독자가 실제로 활용하기 위해서는 사고의 틀을 정리할 필요가 있다. 첫째, 명리 해석은 '정답'이 아니라 '해석의 가능성'임을 전제로 받아들여야 한다. 둘째, 해석 결과는 현실 정보와 경험, 개인의 가치 판단과 함께 종합적으로 검토되어야 한다. 셋째, 해석이 불확실한 영역에 대해서는 유보와 재검토의 태도를 유지해야 한다.

이러한 사고 프레임은 독자가 명리를 맹신하거나 배척하는 극단을 피하도록 돕는다. 명리는 삶을 대신 결정하는 도구가 아니라, 삶을 이해하는 하나의 언어로 활용될 때 가장 안정적으로 기능한다.

제12장은 이러한 태도를 정리하며, 독자가 학술 명리를 성숙하게 받아들이기 위한 인식의 기준을 제시한다.

제12장 핵심 정리

명리학 해석의 종합적 결론과 실천적 방향

본 장은 앞선 모든 논의를 종합하여, 명리학 해석이 지향해야 할 결론과 실천적 방향을 정리하는 단계이다. 지금까지 살펴본 음양오행, 십성, 육친, 격국, 용신, 운의 흐름은 각각 독립된 이론이 아니라, 하나의 구조 속에서 상호 연관되어 작동하는 해석 체계임을 확인해 왔다.

이 종합은 단순한 요약이 아니라, 명리학을 하나의 완결된 분석 학문으로 정립하는 결론부에 해당한다.

명리 해석의 핵심 결론은 인간의 삶이 고정된 결과가 아니라, 구조와 조건 속에서 전개된다는 인식에 있다. 명식은 개인이 지닌 출발 조건을 보여 주며, 운은 그 조건이 시간 속에서 어떤 자극과 환경을 만나는지를 설명한다. 이 두 요소는 삶을 결정하기보다, 선택의 범위와 대응의 방향을 이해하게 하는 정보로 기능한다. 이러한 관점은 명리학을 숙명론에서 분리시키는 가장 중요한 결론이다.

실천적 관점에서 명리학은 조정과 선택의 학문이다. 해석자는 명식의 구조를 분석하여 강점과 취약점을 설명하고, 운의 흐름 속에서 주의해야 할 국면과 활용 가능한 시점을 제시할 수 있다. 그러나 최종적인 삶의 방향은 해석이 아닌 개인의 판단과 행동에 의해 결정된다. 이 점에서 명리학의 역할은 삶을 대신 설계하는 것이 아니라, 설계를 돕는 참고 체계를 제공하는 데 있다.

본서에서 일관되게 강조해 온 구조 중심 해석은 명리학을 보다 안정적인 학문으로 만든다. 단편적 기법이나 자극적인 예언은 일시적 관심을 끌 수 있으나, 장기적으로는 신뢰를 훼손한다. 반면 구조와 논리에 기반한 해석은 시간이 지나도 유효하며, 다양한 상황에 적용 가능한 확장성과 지속성을 갖는다. 이것이 본서가 지향하는 명리학의 기본 방향이다.

종합적 결론으로서, 명리학은 인간 이해를 위한 하나의 언어 체계이다. 이는 인간을 규정하거나 단정하는 도구가 아니라, 복잡한 삶의 양상을 설명하고 해석하기 위한 틀이다. 이러한 인식 위에서 명리학은 개인의 삶뿐 아니라, 관계와 사회 구조를 이해하는 데에도 활용될 수 있으며, 학문적·실천적 가치 모두를 지닌다.

본 장에서 제시한 결론은 본서 전체의 논의를 하나로 묶는 종합 판단이다. 이는 명리학을 전통 지식으로 보존하는 데 그치지 않고, 현대 사회에서도 활용 가능한 해석 학문으로 재정립하려는 시도의 결과이다. 이러한 결론 위에서, 다음 장에서는 명리학의 미래 전망과 향후 연구 과제를 간략히 정리하며 본서를 마무리한다.

제13장

이 책 이후에
남겨야 할 것

●

명리를 배우는 사람, 가르치는 사람, 그리고 다음 세대를 위하여

이 장은

이 책의 연장이면서도 동시에 이 책의 바깥에 있다.

앞의 열두 장이 명리를 이해하고 사용하는 방법을 다루었다면,

이 장은 그 이해가 어떤 태도로 남아야 하는지를 말하기 위해 존재한다.

명리는

한 사람의 공부로 끝나지 않는다.

반드시 누군가에게 전해지고, 그 과정에서 변형되고, 때로는 왜곡된다.

그래서 이 마지막 장에서는

명리를 배우는 사람,

명리를 가르치는 사람,

그리고 아직 명리를 만나지 않은 다음 세대를 향해

몇 가지 기준을 남기고자 한다.

1 | 명리는 개인의 취미로 끝나지 않는다

명리를 공부한 사람은 자신도 모르게 타인의 인생에 영향을 미치게 된다.

> • 한 마디 말
> • 하나의 해석
> • 무심코 던진 판단

이것들이 상대에게는 결정의 근거가 되기도 한다.
그래서 명리는
개인의 취미로만 남기에는 너무 무거운 학문이다.
가볍게 다루는 순간,
그 무게는 타인에게 전가된다.

2 | 배우는 사람에게 남기고 싶은 말

명리를 배우는 과정에서 가장 경계해야 할 것은 속도다.

> • 빨리 이해하려 하지 말고
> • 빨리 맞히려 하지 말고
> • 빨리 말하려 하지 말라.

명리는
속도를 낼수록 삶과 멀어진다.
천천히 배운 사람은 오래 남고,

급하게 익힌 사람은 쉽게 소진된다.

3 ㅣ 가르치는 사람이 반드시 지켜야 할 선

명리를 가르치는 사람은 지식 이전에 기준을 전달하는 사람이다.

> • 무엇까지 말해도 되는지
> • 어디서 멈춰야 하는지
> • 어떤 표현은 쓰지 말아야 하는지

이 기준이 없는 가르침은
지식을 늘리지만 사람을 흔든다.
가르치는 사람은
자신의 말이 상대의 삶에 어디까지 영향을 미칠 수 있는지를
항상 염두에 두어야 한다.

4 ㅣ '맞혔다'는 말이 가장 위험할 때

명리를 하다 보면
누군가는 이렇게 말한다.
"선생님 말이 맞았어요."
이 말은
칭찬처럼 들리지만,
사실은 가장 위험한 순간이다.
왜냐하면

그다음부터 사람은 자신의 판단보다 해석을 먼저 믿기 시작하기 때문이다.

명리는

맞히기 위해 존재하지 않는다.

생각을 대신하지 않기 위해 존재한다.

5 l 다음 세대에게 명리를 남긴다면

다음 세대에게 명리를 남긴다면 이론보다 먼저 남겨야 할 것이 있다.

- 단정하지 않는 태도
- 사람을 나누지 않는 시선
- 불안을 팔지 않는 윤리

이것이 빠진 명리는 아무리 체계적이어도 다음 세대를 해친다.

명리는

지식이 아니라 문화로 전해져야 할 학문이다.

6 l 명리가 시대를 따라 변해야 하는 이유

명리는

고정된 틀이 아니다.

시대가 바뀌면 삶의 구조도 바뀌고, 선택의 방식도 바뀐다.

그래서 명리는

계속해서 언어를 갱신해야 한다.

과거의 표현을 그대로 반복하기보다 지금의 삶에 맞게 풀어 설명하고 현재의 고민에 닿을 수 있어야 한다.
이 책이
의도적으로 쉬운 언어를 택한 이유도 여기에 있다.

7 ㅣ 명리를 지킨다는 것의 의미

명리를 지킨다는 것은 과거를 그대로 보존하는 것이 아니다.
오히려 불필요한 신비화를 걷어 내고 과도한 권위를 내려놓고
삶에 남길 수 있는 부분만 남기는 일.

이 과정이 없으면
명리는
전통이 아니라 장식이 된다.

8 ㅣ 이 책의 마지막 역할

이 책은
명리를 더 많이 알게 하려는 책이 아니다.
이 책의 마지막 역할은
독자에게
이 한 가지를 남기는 것이다.
"나는 이 학문을 어떤 태도로 다룰 것인가?"
이 질문이 남아 있다면
이 책은 제 역할을 다했다.

9 | 끝이 아니라, 기준으로

이 책은 끝이 아니다.

누군가에게는 이제 시작일 것이고,

누군가에게는 다시 정리하는 계기일 것이다.

중요한 것은 얼마나 오래 공부했느냐가 아니라

어떤 기준으로 공부하느냐다.

맺음말을 대신하여

명리는

사람을 위에 두는 학문이 아니다.

사람을 아래에 두는 학문도 아니다.

명리는

사람 곁에 두어야 할 학문이다.

이 거리만 지켜진다면,

명리는 앞으로도 충분히 사람의 삶에 머물 수 있을 것이다.

지식이 아니라 태도, 답이 아니라 질문

1 | 책은 끝나도 공부는 끝나지 않는다

이 책을 덮는 순간,

독자는 하나의 여정을 마친 것이 아니라

다음 단계의 입구에 서게 된다.

책은

지식을 전달하는 도구이지만,

삶은

그 지식을 시험하는 공간이다.

따라서 이 책 이후에 남겨야 할 것은 더 많은 정보가 아니라,

정보를 다루는 태도이다.

2 | 명리가 남겨야 할 첫 번째, 질문하는 습관

이 책을 읽은 뒤에도 모든 상황에 명리적 답이 바로 나오지는 않는다.

그러나 달라지는 점은 있다.

사건 앞에서 곧바로 결론을 내리기보다

다음과 같은 질문을 던지게 된다.

- 지금의 상황은 어떤 흐름 위에 있는가?
- 반복되는 패턴은 무엇인가?

▌ • 내가 조정할 수 있는 지점은 어디인가?

이 질문을 멈추지 않는 것,
그것이 이 책 이후에 남겨야 할 첫 번째이다.

3 I 판단보다 기록을 남기다

명리를 삶에 적용하는 데 있어 중요한 것은
정확한 예측보다 지속적인 관찰과 기록이다.
사건을 맞히는 데 집중하기보다 어떤 선택이 어떤 결과로 이어졌는지를
차분히 남기는 태도는 공부를 한 단계 더 깊게 만든다.
이 기록은 언젠가 다시 돌아와 자신의 흐름을 읽는 자료가 된다.

4 I 타인에게 전하기보다 먼저 지키기

명리를 공부한 이후 가장 조심해야 할 태도는
자신보다 먼저 타인을 해석하려는 습관이다.
이 책 이후에 남겨야 할 것은
설명 능력이 아니라 자기 점검의 기준이다.
자신에게 엄격하고, 타인에게는 여백을 남기는 태도야말로
명리가 삶에 남기는 가장 성숙한 모습이다.

5 I 명리는 답을 남기지 않는다

이 책은 독자에게 완성된 답을 남기지 않는다.

대신 답을 만들어 가는 방식, 선택을 점검하는 기준,

삶을 다시 읽는 관점을 남긴다.

이 여백은 각자의 삶에서 각자의 방식으로 채워질 것이다.

6 ㅣ 이 책 이후에 남겨야 할 것 정리

이 책은 답을 주기보다,

삶에 무엇을 남기고 살아가야 하는지를 묻는 책이다.

읽고 이해하는 것으로 끝난다면 이 책은 의미를 다하지 못한다.

이 책 이후, 독자의 삶에 실제로 남아야 할 것들을 정리해 본다.

먼저 삶에서의 모습이다.

사람은 생각보다 말과 행동으로 기억된다.

무엇을 알고 있는가보다,

어떤 태도로 하루를 살아가는가가 결국 그 사람의 흔적이 된다.

다음은 사고(思考)다.

이 책은 정답을 외우는 사고가 아니라

스스로 구조를 파악하고 맥락을 읽는 사고를 남기고자 한다.

빠른 판단보다 한 번 더 생각하는 힘,

즉각적인 결론보다 질문을 유지하는 사고가 필요하다.

그래서 중요한 것이 구조적 질문이다.

"왜 이런 선택을 했는가?"

"다른 선택지는 없었는가?"

"이 상황의 본질은 무엇인가?"라는 질문이

삶을 단순한 반복에서 벗어나게 만든다.
이 과정에서 자연스럽게 단정의 감소가 일어난다.
사람과 상황을 쉽게 규정하지 않게 되고,
옳고 그름을 나누기보다 맥락을 보게 된다.
단정이 줄어들수록 삶은 부드러워진다.

그다음은 태도다.
태도는 지식보다 오래 남는다.
불확실한 상황에서도 성급해지지 않는 태도,
모른다는 사실을 인정할 수 있는 태도가
삶의 안정성을 만든다.
이를 가능하게 하는 것이 관찰과 기록이다.
자기 삶을 한 발 떨어져 바라보고,
느낀 것을 짧게라도 남기는 습관은 자기 인식의 깊이를 키운다.

관찰이 쌓이면 판단의 유예가 가능해진다.
즉시 반응하지 않고 잠시 멈출 수 있는 힘,
그 짧은 유예가 관계와 선택을 바꾼다.
그리고 배운 것은 반드시 활용되어야 한다.
지식이 삶에 닿지 못하면 그것은 정보로 끝난다.
작은 선택 하나라도 이전과 다르게 해 보는 것, 그것이 진짜 변화다.
이 모든 과정의 중심에는 자기 점검이 있다.
지금의 나는 어떤 상태인가, 이 선택은 나를 어디로 데려가는가를
정기적으로 점검하는 태도는 삶의 방향을 잃지 않게 한다.
자기 점검은 결국 책임 강화로 이어진다.

환경이나 타인을 탓하기보다 내 선택의 결과를 내가 감당하려는 자세가
성장을 가능하게 한다.

이때 중요한 것이 관계다.
관계는 이해의 깊이를 시험하는 공간이다.
이 책 이후의 관계는 설득보다 이해를, 판단보다 존중을 남겨야 한다.
이를 가능하게 하는 것이 여백의 시선이다.
모든 것을 규정하지 않고, 말하지 않은 부분을 남겨두는 시선은
사람 사이의 긴장을 낮춘다.
그 결과 갈등 완화가 일어난다.
갈등이 사라지는 것이 아니라, 갈등을 다루는 방식이 달라진다.
이 모든 흐름은 결국 공부로 이어진다.

이 책은 끝났지만,
삶에 대한 공부는 계속된다.
책이 아니라 삶이 교재가 된다.
그래서 마지막으로 남겨야 할 것은 지속성이다.
한 번의 깨달음이 아니라 계속 돌아보는 습관, 계속 질문하는 태도다.
그리고 이 모든 것을 관통하는 핵심은 흐름 인식이다.
삶을 고정된 상태로 보지 않고, 흐르는 과정으로 인식할 때
선택은 더 유연해지고, 삶은 조금 덜 흔들린다.

7 | 다음은 각자의 삶에서 쓰인다

이 책 이후의 내용은 저자가 더 이상 쓸 수 없다.

그 이후는 각자의 삶이 직접 써 내려가야 하기 때문이다.

명리는

그 삶을 대신 살아 주지 않지만, 삶을 바라보는 눈을 조금 더 깊게 만들어 준다.

8 | 제13장의 정리

이 책 이후에 남겨야 할 것은 지식의 축적이 아니다.

- 질문하는 태도
- 기록하는 습관
- 책임 있게 선택하는 기준

이 세 가지가 남아 있다면, 이 책은 이미 자신의 역할을 다한 것이다.

제13장 A. 이 책의 학술적 위치와 문제의식 정리

이 책은 명리학을 단순한 예측 기술이나 경험적 요령의 집합으로 다루지 않는다. 본서는 명리를 인간과 자연, 시간과 선택의 관계를 구조적으로 해석하는 학문으로 재정립하고자 하였다. 각 장에서 다룬 이론과 사례는 특정 결론을 강요하기보다, 명리가 어떠한 논리와 전제 위에서 해석될 수 있는지를 설명하는 데 초점을 맞춘다.

본서의 문제의식은 명확하다. 명리는 삶을 규정하는 언어가 아니라, 삶을 이해하기 위한 해석의 언어라는 점이다. 이를 위해 학술적 기준, 해석의 일관성, 한계 인식, 그리고 해석자의 책임을 반복적으로 강조하였다. 이러한 요소들은 명리를 학문으로 존속시키기 위한 최소한의 조건으로 제시된다.

제13장은 앞선 모든 논의를 종합하여, 이 책이 명리 연구와 실천의 지형 속에서 어떠한 위치를 차지하는지를 정리하는 역할을 한다.

제13장 B. 이 책이 말하지 않은 것들에 대하여

이 책은 일부러 다루지 않은 영역들이 존재한다. 예를 들어, 특정 사건의 발생 시점을 단정하거나, 개인의 미래를 확정적으로 규정하는 방식은 의도적으로 배제되었다. 이는 해당 주제가 중요하지 않아서가 아니라, 학술 명리의 범위를 벗어날 위험이 있기 때문이다.

또한 본서는 명리를 단일한 해답 체계로 제시하지 않는다. 다양한 해석 가능성을 열어 두되, 그 해석이 성립하기 위한 조건과 논리를 함께 제시하는 데 집중하였다. 이로써 독자는 해석의 결과보다 해석의 과정을 이해하게 된다.

이러한 선택은 이 책의 한계이자 동시에 방향성이다. 말하지 않음으로써 지키고자 한 기준들이 있으며, 이는 학술 명리의 정체성을 유지하기 위한 필연적 판단이었다.

제13장 C. 향후 연구와 실천을 위한 방향 제시

이 책은 하나의 결론이 아니라, 이후 연구와 실천을 위한 출발점이다. 명리를 학술적으로 다루기 위해서는 이론의 정교화뿐 아니라, 실제 적용 과정에서의 윤리와 책임이 지속적으로 논의되어야 한다. 또한 시대 변화에 따라 명리 해석의 언어와 적용 방식 역시 재검토될 필요가 있다.

향후 연구에서는 보다 구체적인 적용 사례와 명리를 삶의 전략으로 활용하는 방식에 대한 체계적 정리가 가능할 것이다. 이는 대중적 운세와는 다른 방향에서, 학술 명리가 사회적 역할을 확장하는 계기가 될 수 있다.

제13장은 이러한 가능성을 열어 두며, 명리를 연구하고 사용하는 모든 이들에게 질문을 남긴다. "명리는 무엇을 말할 수 있으며, 무엇을 말하지 않아야 하는가?" 이 질문에 대한 성찰이 이어질 때, 명리는 비로소 성숙한 학문으로 자리 잡을 수 있을 것이다.

제13장 핵심 정리

명리학의 미래 전망과 연구 과제, 그리고 맺음말

본 장은 본서의 모든 논의를 정리하며, 명리학이 앞으로 나아가야 할 방향과 연구 과제를 간략히 제시하는 최종 마무리 단계이다. 지금까지 살펴본 이론과 해석 기준은 명리학을 전통 지식의 범주에 머물게 하지 않고, 현대 사회에서도 의미를 지니는 해석 학문으로 재정립하기 위한 시도였다.

명리학의 미래 전망은 세 가지 축에서 논의될 수 있다.

첫째, 해석 체계의 정교화이다. 음양오행과 십성, 격국과 용신, 운의 흐름을 보다 명확한 논리 구조로 정리함으로써, 해석의 일관성과 재현 가능성을 높이는 작업이 요구된다. 이는 명리학이 개인의 경험이나 직관에 과도하게 의존하는 영역에서 벗어나도록 돕는다.

둘째, 적용 영역의 확장이다. 현대 사회에서 명리학은 개인 상담을 넘어, 관계 분석, 진로 탐색, 삶의 전략 수립 등 다양한 영역에서 활용될 수 있다. 이러한 확장은 명리학의 본질을 훼손하는 것이 아니라, 구조 분석이라는 강점을 현실 문제에 적용하는 과정으로 이해되어야 한다. 이를 위해서는 해석의 범위와 한계를 스스로 규정하는 성숙한 태도가 병행되어야 한다.

셋째, 학문적 소통의 강화이다. 명리학은 폐쇄적인 신비 체계가 아니라, 설명과 토론이 가능한 지식 체계로 발전할 필요가 있다. 서로 다른 해석이 존재할 수 있음을 인정하고, 그 차이가 어디에서 비롯되는지를 설명할 수 있을 때, 명리학은 비판에 견디는 학문적 기반을 갖추게 된다. 이러한 소통은 명리학의 사회적 신뢰도를 높이는 중요한 조건이다.

향후 연구 과제로는 개념 정의의 표준화, 해석 절차의 체계화, 그리고 현대적 사례 분석의 축적이 제시될 수 있다. 특히 동일한 명식이 서로 다른 환경과 선택 속에서 어떻게 다른 결과로 나타나는지를 분석하는 작업은, 명리학의 구조적 유연성을 입증하는 데 중요한 자료가 될 것이다. 이는 명리학을 결정론이 아닌 조건 분석 학문으로 이해하게 만드는 핵심 근거가 된다.

맺음말로서 본서는 명리학을 하나의 정답 체계로 제시하지 않는다. 대신, 인간과 삶을 이해하기 위한 하나의 해석 언어로 제안한다. 명리학은 삶을 대신 살아 주지 않으며, 선택의 책임을 대신 져 주지도 않는다. 그러나 삶을 바라보는 구조적 시야를 제공함으로써, 보다 성찰적인 선택을 가능하게 한다는 점에서 그 가치를 지닌다.

이러한 관점에서 본서는 전통 명리학을 계승하면서도, 현대적 해석과 학문적 태도를 결합하려는 하나의 시도이다. 이 책이 명리학을 공부하는 이들에게는 정리된 기준으로, 실천하는 이들에게는 성찰의 도구로 활용되기를 기대하며, 이를 끝으로 본서를 마무리한다.

명리학 학술 이론 편

제1장. 명리학의 이론적 기반과 음양오행의 구조적 해석

☯

명리학은 미신이 아니라 '구조의 학문'이다

명리학을 흔히 미신으로 오해한다.

그러나 명리학의 본질은 인간의 삶을 시간과

구조라는 틀로 해석하는 학문이다.

사주팔자는 단순한 점술이 아니라,

인간이 태어난 시점의 기후·자연·우주적

질서를 기초로 한 정보 구조라 할 수 있다.

천간과 지지는 무작위로 만들어진 기호가 아니다.

이는 고대 동양에서 자연의 반복성과 순환성을 관찰한 결과물이며,

사계절의 변화, 오행의 상생·상극 원리, 인간 사회의 질서가 함께 녹아 있다.

특히 명리학은 "왜 이 시기에 이런 일이 반복되는가?"라는 질문에 답을 시도한다.

개인의 성격, 직업 성향, 인간관계의 패턴은 우연이 아니라

시간이 만들어 낸 구조 속에서 나타난 결과라는 점에서

명리학은 철저히 분석의 학문이다.

현대 과학이 데이터와 패턴을 중시하듯,

명리학 역시 수천 년간 축적된 인간 삶의 데이터 위에 세워진

동양식 통계학이라 할 수 있다.

사주는 정해진 운명이 아니라 '선택의 지도'다

사주를 본다는 것은 미래를 단정 짓는 행위가 아니다.

사주는 인생의 정답지가 아니라, 선택의 방향을 알려 주는 지도에 가깝다.

같은 사주를 가진 사람이라도 전혀 다른 삶을 살아간다.

그 이유는 사주가 '결과'를 강제하지 않기 때문이다.

사주는 타고난 기질과 환경의 흐름을 보여 줄 뿐,

그 위에서 어떤 선택을 하느냐는 전적으로 개인의 몫이다.

예를 들어 재성이 강한 사주는

부를 이룰 가능성이 크지만, 동시에 재물로 인한 갈등도 함께 내포한다.

이 구조를 이해한 사람은 재물을 관리하고,

이해하지 못한 사람은 재물에 끌려다닌다.

명리학의 핵심은 예언이 아니라 이해다.

이해가 깊어질수록 선택은 정교해지고,

선택이 바뀌면 인생의 결과 역시 달라진다.

따라서 사주를 안다는 것은

운명에 굴복하는 것이 아니라,

운명의 흐름을 읽고 주도권을 되찾는 과정이다.

제3장. 현대 명리학은 '삶의 설계학'으로 진화해야 한다

과거의 명리학이 길흉화복을 중심으로 했다면,

현대의 명리학은 삶의 설계 도구로 진화해야 한다.

오늘날 사람들은 묻는다.

"언제 돈을 버나요?"가 아니라

"어떤 방식으로 살아야 후회가 없을까요?"

이 질문에 답하기 위해 명리학은

직업 적성, 인간관계, 삶의 리듬, 소진 시기와 회복 시기까지

보다 정밀한 해석을 요구받고 있다.

특히 현대 사회는 선택의 폭이 넓은 만큼

잘못된 선택의 대가도 크다.

이때 명리학은 인생의 위험 구간을 미리 알려 주는

경고 시스템으로서 가치가 있다.

나는 명리학을

사람을 겁주기 위한 도구가 아니라,

삶을 준비시키는 학문으로 정의한다.

운을 맞히는 사람이 아니라

삶을 설계하는 사람,

그것이 현대 명리학자가 가야 할 방향이다.

작동 원리로서의 음양

음양은 명리학의 출발점이자 모든 이론의 전제 조건이다.

그러나 음양은 흔히 선악, 강약, 남녀와 같은 이분법으로 오해되어 왔다.

이러한 해석은 음양을 고정된 성질로 보게 만들며,

명리학을 단순한 성격 분류 학문으로 축소시킨다.

본래 음양은 대립 개념이 아니라 분화의 원리다.

하나의 기운이 움직임과 정지, 발산과 수렴으로 나뉘는 과정이

바로 음양의 생성이다.

따라서 음양은 '무엇이다'가 아니라

'어떻게 작동하는가'를 설명하는 개념이다.

명리학에서 인간 기질은

이 음양 분화의 결과로 형성된다.

기질이란 타고난 성격의 좋고 나쁨이 아니라,

에너지가 사용되는 방향과 방식의 차이다.

같은 능력이라도

외부로 드러나면 양의 작용이 되고,

내부로 축적되면 음의 작용이 된다.

중요한 점은

음과 양 중 어느 하나가 우월하지 않다는 사실이다.

문제는 균형이 아니라 과도한 편중이다.

명리학에서 말하는 불균형은

음이 많아서도, 양이 많아서도 발생하지만

대부분은 한쪽 기능이 지속적으로 과도해질 때 나타난다.

이러한 음양의 작동 원리를 이해하지 못하면

이후에 등장하는 오행, 십성, 육친 이론은

단순한 암기 대상이 된다.

반대로 음양을 '기질 형성의 원리'로 이해하면

모든 후속 이론은 자연스럽게 연결된다.

즉, 음양은 명리학의 장식 개념이 아니라

인간 구조를 여는 첫 번째 열쇠다.

오행은 음양이 현실 세계에서 구체화된 작동 단위다.

음양이 '분화의 원리'라면,

오행은 그 분화가 실제로 어떻게 기능하는가를 설명하는 체계다.

따라서 오행을 단순한 다섯 가지 성질이나 물질 개념으로 이해하는 것은

명리학의 본질을 절반만 이해한 것에 불과하다.

목·화·토·금·수는 각각

생장, 확산, 조정, 수렴, 저장이라는 기능적 역할을 담당한다.

이 다섯 기능은 자연의 변화 과정이자

인간 삶이 전개되는 기본 리듬이다.

명리학에서 오행은

"무엇을 타고났는가?"를 말하기보다

"어떤 기능이 강하게 작동하는가?"를 보여 준다.

같은 재능이라도

목의 기능으로 발현되면 성장과 확장이 되고,

금의 기능으로 발현되면 정리와 규범이 된다.

이처럼 오행은 성격 분류가 아니라

에너지 사용 방식의 차이를 설명하는 도구다.

따라서 오행 해석의 출발점은 강약이 아니라 역할의 위치다.

상생·상극을 관계가 아닌 흐름으로 읽다.

상생과 상극은 흔히 좋고 나쁨, 길흉의 기준으로 오해된다.

그러나 상생·상극은 가치 판단이 아니라 흐름 조정의 원리다.

상생은 에너지가 다음 단계로 자연스럽게 전달되는 흐름이며,

상극은 과도한 작용을 제어하는 조정 장치다.

자연에서 제어 없는 생장은 오히려 붕괴를 초래하듯,

명리학에서 상극은 파괴가 아니라 균형 회복의 기능이다.

이 원리를 인간 삶에 적용하면

갈등이나 제약 역시 반드시 부정적인 요소로만 볼 수 없다.

때로는 상극 관계가

개인의 성장을 멈추게 하는 것이 아니라 방향을 수정하게 만드는 역할을 한다.

오행의 상생·상극을 관계의 좋고 나쁨으로 읽는 순간

명리 해석은 단순 점술이 된다.

반대로 이를 기능 조정의 흐름으로 이해하면

이후 전개되는 십성 이론은 논리적 필연성을 갖게 된다.

즉, 오행은

십성과 육친으로 넘어가기 위한 마지막 자연 이론 단계다.

☯

오행이 인간의 사회적 역할로 전환되는 과정

십성은 오행이

인간 사회 속에서 역할과 관계로 변환된 개념이다.

오행이 자연의 기능이라면,

십성은 그 기능이 인간 삶에서 어떤 방식으로 작동하는지를 보여 주는 언어다.

십성은 일간을 기준으로

생하고, 극하고, 설기하고, 비견하는 관계에서 탄생한다.

이는 단순한 분류가 아니라

인간이 사회 속에서 맺는 모든 역할 관계의 구조다.

- 재성은 소유와 관리의 기능이며
- 관성은 질서와 책임의 기능이다.
- 식상은 표현과 생산의 기능이고
- 인성은 흡수와 축적의 기능이다.

비견과 겁재는 자아 확장과 경쟁의 영역을 담당한다.

중요한 점은

십성이 곧 성격이나 직업을 의미하지 않는다는 것이다.

십성은 행동 경향과 역할 수행 방식을 설명할 뿐,

그 결과는 환경과 선택에 따라 달라진다.

이 지점에서 명리학은 개인의 타고난 성향을 넘어서 사회적 맥락 속 인간을 분석하는 학문이 된다.

십성 이론은

육친론과 격국론으로 나아가기 위한

인간 구조 해석의 핵심 교차로다.

☯

개별 요소에서 전체 구조를 읽는 방법

십성 이론이 단순 분류에 머물 경우,

명리 해석은 조각난 정보의 나열에 그친다.

그러나 실제 명식은 단일 십성으로 작동하지 않는다.

십성은 서로 영향을 주고받으며, 관계 속에서만 의미를 획득한다.

명식 해석의 핵심은

"어떤 십성이 있는가?"가 아니라

"십성들이 어떤 관계를 맺고 있는가?"에 있다.

이 관계는 생·극의 단순 도식이 아니라

강약, 위치, 반복, 충돌이라는 복합적 상호 작용으로 나타난다.

예를 들어 식상이 강하더라도

재성이 이를 받아 주지 못하면

생산은 있으나 축적이 이루어지지 않는다.

관성이 존재하더라도

인성이 이를 지지하지 못하면 책임은 있으나 지속력이 부족해진다.

이처럼 십성은 단독으로는 완결된 의미를 갖지 못한다.

또한 십성의 작동은

천간과 지지의 위치에 따라 성격이 달라진다.

천간에 드러난 십성은 의식적 선택과 행동으로 나타나고,

지지에 위치한 십성은 무의식적 반응과 환경 조건으로 작용한다.

같은 십성이라도
어디에 놓이느냐에 따라 삶에서의 체감 방식은 전혀 달라진다.
명식 전체를 읽는다는 것은 십성 간의 흐름을 파악하는 일이다.

- 어디서 에너지가 시작되고
- 어디서 소모되며
- 어디에서 막히는지를 보는 것이다.

이 흐름을 읽지 못하면 부분적 해석은 가능해도
인생의 방향성은 설명할 수 없다.
따라서 제7장은
십성을 성격 설명의 도구에서 끌어내어
구조 해석의 요소로 전환하는 단계다.
이 과정을 거쳐야만
이후에 다루게 될 육친론과 격국론이 논리적 기반을 갖게 된다.
십성의 상호 관계를 이해하는 순간,
명식은 더 이상 정적인 도표가 아니라 움직이는 구조로 인식된다.
그리고 이 구조 인식이 명리학을 점술이 아닌 해석 학문으로 완성시키는
핵심이다.

십성이 인간관계로 구체화되는 단계

육친론은 십성 이론이 인간의 실제 삶 속 관계로 전환되는 과정이다.

십성이 역할과 기능의 언어라면,

육친은 그 기능이 누구와의 관계로 작동하는가를 설명하는 체계다.

명리학에서 육친은

부모, 형제, 배우자, 자녀라는 표면적 가족 개념을 넘는다.

육친은 개인이 사회 속에서 맺는

의존, 책임, 보호, 경쟁의 관계 구조를 상징한다.

따라서 육친 해석은

가족사를 예언하는 기술이 아니라

관계 인식의 틀이다.

육친은 십성을 기준으로 성립한다.

- 인성은 보호와 지원의 관계로
- 비겁은 경쟁과 협력의 관계로
- 식상은 표현과 생산의 관계로
- 재성은 소유와 관리의 관계로
- 관성은 규범과 책임의 관계로 나타난다.

이 관계들은 고정된 인물이 아니라 삶의 국면에 따라 서로 교차하며 작동한다.

중요한 점은

육친이 '누가 좋고 나쁜가'를 말해 주지 않는다는 것이다.

육친은 관계의 질을 판단하기보다 관계에서 발생하는

역할 부담과 에너지 소모 방식을 보여 준다.

같은 부모 관계라도

어떤 명식에서는 보호가 되고

어떤 명식에서는 통제가 된다.

이러한 관점에서 육친론은 개인의 성향 분석을 넘어

인간관계 전반을 구조적으로 이해하게 한다.

육친을 정확히 읽을 수 있어야 관계에서 반복되는 갈등과 역할의 과잉

또는 결핍을 설명할 수 있다.

즉, 제8장은

명리학이 개인 내부의 구조에서

관계의 구조로 확장되는 분기점이다.

관계 속에서 드러나는 구조적 긴장

육친이 형성되었다고 해서 그 관계가 항상 안정적으로 유지되는 것은 아니다.

명식 속에서는 육친 간의 충돌과 변형이 필연적으로 발생한다.

이 충돌은 개인의 문제가 아니라 구조적 긴장의 결과다.

육친 충돌은 주로

기능의 과잉, 기능의 결핍,

또는 역할의 중첩에서 발생한다.

예를 들어 보호 기능이 과도해지면 의존이 되고,

책임 기능이 지나치면 억압으로 전환된다.

이는 특정 인물의 성격 문제가 아니라 관계 구조의 왜곡이다.

또한 육친은 대운과 세운의 변화에 따라 다른 방식으로 작동한다.

같은 관계라도

어느 시기에는 지지가 되고,

어느 시기에는 부담이 되는 이유는 관계 자체가 변한 것이 아니라

관계를 떠받치는 구조가 달라졌기 때문이다.

명리학에서 갈등은 피해야 할 불운이 아니라 구조가 조정되기를 요구하는 신호다.

육친 충돌은

삶에서 반복되는 문제의 원인을 관계 밖이 아닌 명식 내부의 구조에서

찾게 만든다.

이러한 이해 없이 육친을 해석하면 명리학은 관계 단절이나 회피를 조장할 위험이 있다.

반대로 구조적 관점에서 육친을 읽으면 갈등은 파괴가 아니라 재조정의 계기가 된다.

위 제9장은

육친론을 감정 해석의 영역에서 끌어내어 구조 진단의 단계로 끌어올린다.

이 단계를 거쳐야만 다음 장에서 다루게 될 세운과 대운의 원리가

논리적으로 성립한다.

명식에 시간을 결합하는 기본 구조

대운은 명식이라는 정적인 구조에

시간이라는 축을 처음으로 결합하는 이론이다.

따라서 대운은 길흉 판단 이전에

반드시 구조 설정 원리부터 이해되어야 한다.

대운은 단순히 "몇 세부터 운이 바뀐다."라는 개념이 아니다.

대운이란 개인의 명식이

사회적·환경적 조건과 어떤 순서로 접속하는가를 보여 주는 시간 단위

구조다.

대운 설정의 핵심은

출생 시점의 절기와 성별,

그리고 순행·역행의 원리에 있다.

이 과정은 계산 기법이 아니라

시간 인식 방식의 차이를 전제로 한다.

명리학에서 순행과 역행은 운의 좋고 나쁨을 의미하지 않는다.

이는 에너지가 외부로 확장되는 흐름인지, 내부로 축적되는 흐름인지를

구분하는 장치다.

대운을 정확히 설정하지 못하면

이후 세운 해석은 물론

격국 판단 역시 현실과 어긋난 이론이 된다.

따라서 대운은 명식 해석의 보조 개념이 아니라

시간 구조의 기본 골격이다.

1 | 대운의 설정 원리와 산출 방식

명식에 시간 축을 부여하는 방법론

대운은 명식에 시간을 결합하는 최초의 단계다.

따라서 대운을 해석하기 이전에

반드시 어떤 기준과 절차로 대운이 설정되는가를 명확히 설명해야 한다.

대운 설정의 출발점은

출생 시점의 '절기(節氣)'다.

명리학에서 시간은 달력이 아니라

기운의 이동을 기준으로 인식된다.

따라서 대운 산출은

양력 생일이 아니라 출생 당시 절기와의 거리 계산에서 시작된다.

대운의 방향은

성별과 음양의 결합에 따라

순행 또는 역행으로 결정된다.

이때 순행·역행은

좋고 나쁨의 개념이 아니라 시간을 전개하는 방식의 차이다.

순행은 기운이 외부로 확산되는 흐름이고,

역행은 기운이 내부로 응축되는 흐름이다.

대운의 시작 시점은

출생 시점에서 다음 절기(또는 이전 절기)까지의

시간 간격을 기준으로 계산된다.

이 간격을 일정 비율로 환산하여

몇 세에 첫 대운이 시작되는지를 정한다.

이 과정은 기술적 계산이 아니라

개인이 사회적 시간에 진입하는 시점을 설정하는 작업이다.

이렇게 설정된 대운은

명식 위에 덧씌워지는 새로운 구조가 아니라,

명식이 시간 속에서

어떤 순서로 반응하는지를 보여 주는 틀이다.

따라서 대운은 명식 해석의 보조 자료가 아니라

시간 구조의 기본 골격으로 취급되어야 한다.

2 | 대운을 정하는 방법과 계산 원리

출생 시점에서 인생의 시간 구간을 설정하는 절차

대운은 '운이 좋아지는 시기'를 말하기 이전에,

인생의 시간을 어떻게 구간화하는가를 정하는 이론이다.

따라서 대운을 이해하려면 먼저 정하는 순서와 공식을 명확히 알아야
한다.

◎ 대운 설정의 출발점: 절기(節氣)

명리학에서 시간의 기준은 생일이 아니라 절기다.

같은 날 태어났더라도 절기 이전인지 이후인지에 따라 대운의 계산은 달

라진다.

출생 시점이

해당 절기 이전이면 → 이전 절기를 기준으로

해당 절기 이후이면 → 다음 절기를 기준으로 한다

☞ 이 절기까지의 시간 차이가

☞ 대운 시작 시점을 결정하는 핵심 자료가 된다.

◎ **순행·역행을 정하는 공식**

대운의 방향은

성별 + 출생년 천간의 음양으로 결정된다.

남자

양년생 → 순행

음년생 → 역행

여자

양년생 → 역행

음년생 → 순행

이 원리는 '좋고 나쁨'이 아니라

☞ 시간을 앞으로 펼칠 것인가, 뒤에서 끌어올 것인가

라는 시간 인식 방식의 차이다.

◎ **대운 시작 나이 계산 방식(핵심)**

출생 시점부터

기준 절기까지의 시간 간격을 계산한다.

기준 단위

3일 = 1년

1일 = 4개월

6시간 = 1개월

예를 들어

출생 시점에서 절기까지가 6일이라면

→ 대운 시작은 2세가 된다.

☞ 이 계산은

"언제부터 사회적 시간에 본격 진입하는가?"를 정하는 것이다.

◎ **대운의 배열 방법**

대운은 출생 월주의 천간·지지를 기준으로 순행 또는 역행 방향으로 배열된다.

순행 → 다음 간지부터 진행

역행 → 이전 간지부터 진행

이렇게 배열된 대운은

10년 단위로 인생의 큰 흐름을 형성한다.

✍ **정리하면**

대운은 운의 해석이 아니라 시간 구조를 설정하는 공식이며

세운·격국·용신의 전제가 된다.

제11장. 세운의 작동 원리와 해석 기준

1 | 고정된 구조 속에서 변화를 읽는 방법

세운은 대운이라는 큰 시간 틀 안에서 매년 작동하는 미세 조정 장치다.

대운이 인생의 장기 흐름이라면,

세운은 그 흐름 속에서 발생하는 구체적 사건의 계기다.

중요한 점은

세운이 명식을 '바꾼다'고 이해하면 안 된다는 것이다.

세운은 명식의 구조를 변화시키지 않는다.

대신 명식 내부의 특정 요소를 강조하거나 자극한다.

세운 해석의 핵심은 새로운 오행이 들어온다는 발상이 아니라,

기존 구조 중 어디가 반응하는가를 보는 데 있다.

이 점을 놓치면

세운은 단발적 예언 도구로 전락한다.

대운과 세운의 관계는 지배와 종속이 아니라

배경과 촉발의 관계다.

대운이 허용하지 않는 변화는

세운 단독으로 발생할 수 없으며,

대운이 준비한 구조는 세운을 통해 현실화된다.

이 원리를 이해한 뒤에야 격국은 비로소

'정적인 명식 구조'가 아니라 시간 속에서 작동하는 구조로 해석된다.

2 I 세운의 설정 방식과 적용 기준

대운 속에서 연간 변화를 정하는 절차

세운은 대운이라는 큰 시간 구조 안에서

매년 작동하는 세부 조정 단위다.

따라서 세운은 독립적으로 해석될 수 없으며,

반드시 대운과의 관계 속에서 설정된다.

세운의 기준은

해당 연도의 '간지(干支)'다.

이 간지는 명식에 새로운 요소를 추가하는 것이 아니라,

기존 명식과 대운 구조 중 어느 부분이 자극을 받는지를 드러낸다.

세운 설정의 핵심은

"무엇이 들어오는가?"가 아니라

"어디가 반응하는가?"다.

같은 세운이라도 명식과 대운의 구조에 따라

전혀 다른 양상으로 작동하는 이유가 여기에 있다.

또한 세운은 대운이 허용한 범위 안에서만 작동한다.

대운이 구조적 변화를 준비하지 않은 상태에서는 세운 단독으로 의미 있는

변화가 지속되기 어렵다.

이 원칙을 벗어나면

세운 해석은 단발적 사건 예측으로 전락한다.

따라서 세운은

미래를 예언하는 도구가 아니라

이미 형성된 구조가 언제 표면화되는가를 보여 주는 장치다.

이러한 이해를 전제로 할 때

세운은 격국 판단을 위한 필수적인 시간 정보로 기능한다.

3 ㅣ 세운을 정하는 방법과 적용 순서

대운 안에서 해마다 작동하는 시간 단위

세운은

대운이 설정된 이후에만 의미를 가진다.

따라서 세운을 정하는 방법은

단순하지만, 순서를 지키지 않으면 오류가 발생한다.

◎ 세운의 기준: 해당 연도의 간지

세운은 그 해의 '연간(年干)과 연지(年支)'를 그대로 사용한다.

이는 명식에 무엇을 '추가'하는 개념이 아니라,

☞ 기존 구조 중 어디가 자극받는가를 보기 위함이다.

◎ 세운 적용의 기본 공식

세운 해석은 항상 아래 순서로 진행된다.

명식 원국

현재 대운

해당 연도의 세운

☞ 이 3단 구조를 벗어나면

세운은 우연적 사건 풀이로 전락한다.

◎ 세운에서 반드시 보는 3가지

초보자가 세운을 볼 때 반드시 확인해야 할 핵심은 다음 세 가지다.

- 명식과의 관계
- 어떤 십성을 자극하는가
- 대운과의 관계
- 대운의 흐름을 강화하는가, 소모하는가
- 기존 구조의 반복 여부
- 새로운 사건인가, 반복되는 패턴인가

☞ 세운은 '새로운 운'이 아니라
이미 존재하던 구조가 드러나는 시점이다.

◎ 세운은 결과를 말하는 도구가 아니라, 시점을 알려주는 도구다

이 설명이 격국으로 이어지는 이유, 이제 독자는 다음을 이해한 상태다.

- 명식은 구조
- 대운은 시간의 틀
- 세운은 촉발 시점

"그렇다면 이 명식은
시간 속에서 어떤 구조가 중심이 되는가?"
이 질문에 답하는 이론이 바로 격국이다.

명식 구조를 하나의 틀로 완성하는 판단 기준

격국은 명리학에서 개별 요소를 설명하는 이론이 아니라,

명식 전체가 어떤 구조로 조직되어 있는가를 판단하는 단계다.

따라서 격국은 음양·오행·십성·육친·대운·세운이

모두 설명된 이후에만 등장해야 한다.

격국을 단순히

"어떤 격에 속한다."라는 분류로 이해하면 명리 해석은 형식 논리에 머

문다.

본래 격국은 명식 속에서 어떤 기운이 중심축을 형성하고 있는가를

구조적으로 규정하는 개념이다.

격국의 성립 조건은 크게 세 가지다.

첫째, 월지를 중심으로 한 기운의 방향성이다.

월지는 명식에서 계절과 환경을 대표하는 자리로 격국 판단의 출발점이

된다.

둘째, 월지의 기운이 천간과 지지에서 어떻게 지지·보강·소모되는가를

본다.

이는 단일 오행의 존재 여부가 아니라,

구조적 우위가 형성되어 있는가를 판단하는 과정이다.

셋째, 대운과 세운 속에서 그 구조가 실제로 유지·강화되는지 확인한다.

시간 속에서 반복적으로 작동하지 않는 구조는 격국으로서의 실질적 의미를 갖기 어렵다.

이러한 조건을 충족할 때 격국은 고정된 이름이 아니라 작동하는 구조로 성립한다.

따라서 격국 분류는 암기 대상이 아니라 구조 인식의 결과다.

격국을 이해한다는 것은

명식을 더 이상 조각난 정보로 보지 않고,

하나의 조직된 시스템으로 읽기 시작한다는 뜻이다.

이 지점에서 명리학은

본격적인 종합 판단의 단계로 진입한다.

고정 구조를 넘어서는 해석 원리

모든 명식이 정형화된 격국 안에만 머무르는 것은 아니다.

현실의 명식은 이론적 분류보다 훨씬 복합적이며,

격국 역시 시간과 환경에 따라 변형된다.

격국의 변화는 월지의 힘이 약화되거나,

다른 기운이 반복적으로 강화될 때 발생한다.

이때 중요한 것은 격국이 '깨진다'고 표현하는 것이 아니라,

중심 구조가 이동한다고 이해하는 것이다.

파격은 기존 격국을 무시하는 예외 규정이 아니다.

파격은 정형 구조로 설명되지 않는 명식에서

새로운 중심축이 형성되는 과정을 설명하는 개념이다.

즉, 파격은 혼란이 아니라 구조 재편의 결과다.

특히 대운과 세운이

기존 격국을 지속적으로 흔들거나 보완할 경우,

명식의 중심 기능은

다른 십성이나 오행으로 이동한다.

이러한 변화는 일시적 사건이 아니라 삶의 방향 전환으로 나타난다.

격국의 변화와 파격을 이해하지 못하면

명리 해석은

초기 구조에만 집착하게 되고, 현실에서 일어나는 변화를 설명하지 못

한다.

반대로 이 원리를 이해하면 명리학은 고정된 운명론에서 벗어나
시간 속에서 살아 움직이는 구조 이론이 된다.

위 13장은
격국을 절대 기준으로 삼지 않고,
구조의 유연성과 이동 가능성을 설명함으로써
다음 단계인 종합 판단과 용신론으로 자연스럽게 연결되는 역할을 한다.

제14장. 용신론의 성립 원리와 적용 기준

명식 구조를 현실에 맞게 조정하는 최종 판단 이론

용신론은 명리학의 출발점이 아니라 종착점이다.

따라서 용신을 앞에서 먼저 정하려는 시도는

구조를 완성하기 전에 결론을 내리는 오류로 이어진다.

용신은 명식의 일부 요소가 아니라,

완성된 구조를 현실에 적용하기 위한 조정 개념이다.

용신의 기본 전제는 명식이 이미 하나의 구조로 성립해 있다는 점이다.

즉, 격국이 먼저 확정되지 않은 상태에서는 용신 또한 성립할 수 없다.

이 때문에 용신론은

격국 이후에만 다루어져야 하는 이론이다.

용신을 정한다는 것은 어떤 오행이 '좋다'거나 '필요하다'를 말하는 것이
아니다.

용신은

현재의 구조가 시간 속에서 어디로 치우치고 있으며,

그 편중을 어떤 방향으로 조정해야 하는가를 판단하는 기준이다.

따라서 용신 판단의 핵심은

강약 비교가 아니라 기능 균형이다.

어느 오행이 많고 적은가보다 어떤 기능이 과도하거나 부족한가를 본다.

이때 기능이란

생산, 관리, 규제, 축적, 표현의 역할을 의미한다.

용신 설정에는 반드시 대운과 세운이 함께 고려되어야 한다.

정적인 명식만을 기준으로 한 용신은 현실과 쉽게 어긋난다.

대운이 허용하지 않는 조정은 세운 단독으로 작동하지 않으며,

시간 구조 속에서 지속 가능한 방향만이 용신으로서 의미를 갖는다.

또한 용신은 단일 오행으로 고정되지 않는다.

삶의 국면에 따라 용신의 역할은 강화되거나 보조로 전환될 수 있다.

이 점을 이해하지 못하면 용신을 절대 기준으로 오해하게 된다.

용신론의 목적은

미래를 단정하는 데 있지 않다.

용신은 선택의 방향을 제시하는 기준이며, 현실에서 어떤 환경과 행동이

구조를 안정시키는지를 알려주는 지표다.

이러한 관점에서 용신은 운명을 고정하는 도구가 아니라 삶을 조율하는

나침반이다.

명리학이 점술을 넘어 설계학으로 기능하기 위해 용신론은

반드시 이와 같은 위치에서 이해되어야 한다.

☯

구조 조정을 현실 행동으로 전환하는 방법

용신은 이론의 결론이 아니라 행동의 기준이다.

따라서 용신을 이해했다는 것은 무엇을 택하고, 무엇을 피하며,

어떤 환경을 강화해야 하는지를 구체적으로 결정할 수 있게 되었음을 의미한다.

용신 적용의 첫 단계는

명식과 격국, 그리고 현재의 대운·세운을 종합해

지금 구조가 어디로 치우쳐 있는가를 파악하는 것이다.

이때 핵심 질문은 "무엇이 부족한가?"가 아니라

"어떤 기능이 과도하거나 정체되어 있는가?"다.

예를 들어

생산과 표현 기능이 과도한 구조라면

관리·규범·정리의 기능을 강화하는 선택이 필요하다.

이는 직업 선택, 업무 방식, 인간관계 설정에서

역할의 균형을 재배치하는 방식으로 구현된다.

용신의 적용은 직업이나 재물 문제에만 국한되지 않는다.

생활 리듬, 학습 방식, 협업 구조, 심지어 휴식의 형태까지도 구조 조정의 대상이 된다.

이때 중요한 것은 단기 성과가 아니라 지속 가능한 안정이다.

또한 용신은 삶의 모든 국면에서 동일하게 작동하지 않는다.

대운이 바뀌면 조정의 방향도 달라질 수 있으며, 세운은 그 조정을 촉발하거나 시험한다.

따라서 용신 적용은

한 번의 결정이 아니라 주기적인 점검과 미세 조정의 과정이다.

결국 용신의 실제 의미는 운명을 예측하는 능력이 아니라,

구조를 인식한 상태에서 더 나은 선택을 반복하는 능력에 있다.

이 지점에서 명리학은

삶을 규정하는 학문이 아니라 삶을 설계하는 학문으로 완성된다.

부록 1. 대운·세운 계산 예시와 핵심 요약

대운 계산 절차 요약(초보자용 체크리스트)

출생 시점 확인

양력 생일 + 출생 시간

절기 기준 설정

출생 시점이 절기 이전인지 이후인지 판단

순행·역행 결정

남자: 양년 순행 / 음년 역행

여자: 양년 역행 / 음년 순행

대운 시작 나이 계산

출생 시점 ↔ 기준 절기 간 시간차

환산 공식

3일 = 1년

1일 = 4개월

6시간 = 1개월

대운 배열

월주 기준으로 순행 또는 역행 배열

10년 단위 적용.

현재 대운 확인

해당 연도의 간지 확인

적용 순서 고정

원국 → 대운 → 세운

확인 포인트

어떤 십성이 자극되는가

기존 구조의 반복인가, 일시적 촉발인가

명리학을 구조 · 시간 · 판단의 학문으로 재정립하다

이 책의 이론 전개는 개별 개념의 나열이 아니라

구조 → 시간 → 판단 → 적용의 단계적 흐름으로 설계되어 있다.

독자는 아래의 순서를 따라가며 명리학을 하나의 완결된 해석 체계로 이
해하게 된다.

1단계: 구조의 기초 설정

음양 → 오행

음양은 분화의 원리이며,

오행은 그 분화가 현실에서 작동하는 기능 체계다.

이 단계에서는

명리학이 성질이나 성격 분류가 아니라 작동 원리를 설명하는 학문임을

확립한다.

2단계: 인간 구조로의 전환

십성 → 육친

오행의 기능은

십성을 통해 인간의 역할과 행동 양식으로 전환되고,

육친을 통해 실제 인간관계의 구조로 구체화된다.

이 단계에서 명리학은

개인 내부 분석을 넘어

사회적 관계 해석의 틀을 갖추게 된다.

3단계: 시간 구조의 결합

대운 → 세운

명식이라는 정적인 구조에

대운과 세운을 통해 시간이 결합된다.

대운은 인생의 큰 흐름을 설정하고,

세운은 그 흐름 속에서

변화가 표면화되는 시점을 드러낸다.

이 단계는

명리 해석을 고정 구조에서

시간 속 구조로 확장한다.

4단계: 구조 판단의 완성

격국은

앞선 모든 요소가 종합된 이후에만 성립하는

구조 판단 이론이다.

격국을 통해 명식은

조각난 정보의 집합이 아니라

하나의 조직된 시스템으로 인식된다.

5단계: 최종 조정과 적용

용신 → 삶의 선택

용신은 완성된 구조가 시간 속에서 어디로 치우치는지를 진단하고,

그 균형을 조정하기 위한 기준이다.

이 단계에서 명리학은 예측의 학문을 넘어 선택과 설계의 학문으로 기능

한다.

종합 도식 요약

음양

→ 오행

→ 십성

→ 육친

→ 대운·세운

→ 격국

→ 용신

→ 삶의 선택과 설계

독자를 위한 안내

이 책은
앞의 장을 건너뛰고
뒤의 장을 이해하도록 설계되지 않았다.
각 단계는 다음 단계를 성립시키기 위한
필수 조건이며,
이 흐름을 따라갈 때 명리학은 점술이 아니라
구조적 해석 학문으로 이해된다.

지식이 아니라 태도, 답이 아니라 질문

1 | 책은 끝나도 공부는 끝나지 않는다

이 책을 덮는 순간,

독자는 하나의 여정을 마친 것이 아니라 다음 단계의 입구에 서게 된다.

책은 지식을 전달하는 도구이지만,

삶은 그 지식을 시험하는 공간이다.

따라서 이 책 이후에 남겨야 할 것은 더 많은 정보가 아니라,

정보를 다루는 태도이다.

2 | 명리가 남겨야 할 첫 번째, 질문하는 습관

이 책을 읽은 뒤에도 모든 상황에 명리적 답이 바로 나오지는 않는다.

그러나 달라지는 점은 있다.

사건 앞에서 곧바로 결론을 내리기보다 다음과 같은 질문을 던지게

된다.

> • 지금의 상황은 어떤 흐름 위에 있는가?
>
> • 반복되는 패턴은 무엇인가?
>
> • 내가 조정할 수 있는 지점은 어디인가?

이 질문을 멈추지 않는 것,

그것이 이 책 이후에 남겨야 할 첫 번째이다.

3 I 판단보다 기록을 남기다

명리를 삶에 적용하는 데 있어 중요한 것은 정확한 예측보다
지속적인 관찰과 기록이다.
사건을 맞히는 데 집중하기보다 어떤 선택이 어떤 결과로 이어졌는지를
차분히 남기는 태도는 공부를 한 단계 더 깊게 만든다.
이 기록은 언젠가 다시 돌아와 자신의 흐름을 읽는 자료가 된다.

4 I 타인에게 전하기보다 먼저 지키기

명리를 공부한 이후
가장 조심해야 할 태도는
자신보다 먼저 타인을 해석하려는 습관이다.
이 책 이후에 남겨야 할 것은
설명 능력이 아니라
자기 점검의 기준이다.
자신에게 엄격하고,
타인에게는 여백을 남기는 태도야말로
명리가 삶에 남기는 가장 성숙한 모습이다.

5 I 명리는 답을 남기지 않는다

이 책은

독자에게 완성된 답을 남기지 않는다.

대신 답을 만들어 가는 방식, 선택을 점검하는 기준, 삶을 다시 읽는 관점을 남긴다.

이 여백은

각자의 삶에서 각자의 방식으로 채워질 것이다.

6 ㅣ 다음은 각자의 삶에서 쓰인다

이 책 이후의 내용은 저자가 더 이상 쓸 수 없다.

그 이후는 각자의 삶이 직접 써 내려가야 하기 때문이다.

명리는

그 삶을 대신 살아 주지 않지만, 삶을 바라보는 눈을 조금 더 깊게 만들어 준다.

7 ㅣ 부록의 정리

이 책 이후에 남겨야 할 것은 지식의 축적이 아니다.

- 질문하는 태도
- 기록하는 습관
- 책임 있게 선택하는 기준

이 세 가지가 남아 있다면,

이 책은 이미 자신의 역할을 다한 것이다.

☯

이 책에서 명리학을 해석하는 기준에 대하여

이 책은 명리학을 미래를 맞히는 기술이 아니라 삶의 구조를 이해하는 학문으로 다룬다.

따라서 본문에 제시되는 모든 해석은 다음의 원칙을 전제로 한다.

1 l 나는 명리학을 예언의 학문으로 사용하지 않는다

명리학은 결과를 단정하기 위한 도구가 아니다.

그 역할은 삶에서 반복되는 구조를 이해하고,

그 구조가 언제·어디서·어떻게 작동하는지를 설명하는 데 있다.

이 책은 공포나 기대를 조장하는 길흉 단정을 의도적으로 배제한다.

2 l 나는 구조 없는 해석을 경계한다

음양·오행·십성·육친·대운·세운·격국은 각각 독립된 개념이 아니라

정해진 순서와 연결 속에서만 의미를 갖는다.

일부 개념을 떼어 결론을 내리는 해석은 학문적 설득력을 갖지 못한다.

3 I 나는 시간을 구조보다 앞세우지 않는다

대운과 세운은 명식 위에 작동하는 시간 장치다.

시간은 구조를 자극할 수는 있으나, 구조 자체를 대체하지는 않는다.

이 책은 대운·세운만으로 인생을 평가하는 해석을 지양한다.

4 I 나는 격국을 고정된 이름으로 보지 않는다

격국은 암기해야 할 분류표가 아니라,

명식이 어떤 중심축으로 조직되어 있는가를 판단하는 개념이다.

시간의 변화에 따라 중심은 이동할 수 있으며,

이 책은 그 구조의 유연성을 격국 해석의 핵심으로 삼는다.

5 I 나는 용신을 처방이 아닌 방향으로 사용한다

용신은 하나의 오행을 고정해 모든 상황에 적용하는 처방이 아니다.

현재 구조의 편중을 진단하고, 균형을 회복하기 위한 선택의 기준이다.

용신은 삶을 제한하는 규칙이 아니라 삶을 조율하는 나침반이어야 한다.

6 I 나는 명리학의 목적을 '선택'에 둔다

이 책이 지향하는 명리학의 최종 목적은 맞힘이 아니라 이해,

이해의 끝은 선택이다.

구조를 이해한 사람은 운명에 끌려가지 않고, 자신의 위치와 방향을 인식한 상태에서 더 나은 선택을 반복할 수 있다.

명리학은 사람을 묶는 학문이 아니라 사람을 이해하게 하는 학문이어
야 한다.

이 선언문은 이 책 전체를 관통하는 해석의 기준이며,

독자가 언제든 돌아와 확인할 수 있는 하나의 기준점이 되기를 바란다.

— 저자 유병국

끝으로

저자의 사유 여정 정리

이 책을 집필하는 과정은 명리학을 설명하는 시간이기 이전에,

내가 어떻게 사유해 왔는가를 되돌아보는 여정이었다.

처음 명리학을 접했을 때, 나 역시 많은 사람들처럼 결과를 알고 싶었고,

앞날을 예측하고 싶었다.

그러나 공부가 깊어질수록 명리학이 알려 주는 것은

미래의 정답이 아니라 삶이 반복되는 구조라는 사실을 깨닫게 되었다.

사람마다 인생은 다르지만, 고민의 형태와 갈등의 지점은

놀랍도록 비슷하게 반복된다.

왜 같은 선택 앞에서 어떤 사람은 무너지고, 어떤 사람은 방향을 바꾸는가?

이 질문이 나의 사유를 점점 예언에서 구조로 이동시키기 시작했다.

음양과 오행을 다시 보게 된 것도 그 무렵이다.

그것들은 더 이상 성격을 규정하는 기호가 아니라,

삶이 작동하는 방식과 리듬으로 다가왔다.

십성과 육친은 개인의 문제가 아니라 사람이

사회 속에서 맡게 되는 역할과 부담의 구조를 보여 주었다.

대운과 세운을 연구하면서
나는 시간의 의미를 새롭게 인식하게 되었다.
시간은 운명을 밀어붙이는 힘이 아니라,
구조가 드러나는 순서와 타이밍이었다.
같은 구조라도 언제 드러나느냐에 따라 삶의 체감은 전혀 달라진다.
이 지점에서 명리학은 더 이상 고정된 학문일 수 없었다.
격국과 용신을 다루며 나의 사유는 한층 더 조심스러워졌다.

격국은 이름이 아니라 중심이었고, 용신은 처방이 아니라 방향이었다.
나는 점점 무엇을 말할 수 있는가보다
무엇을 함부로 말해서는 안 되는가를 더 많이 생각하게 되었다.
이 책은 그러한 사유의 변화가 정리된 결과물이다.
나는 명리학을 통해 사람을 규정하려 하지 않았고, 운명을 단정하려 하
지 않았다.
다만 구조를 이해함으로써 사람이 스스로를 조금 더 정확히 바라볼 수
있기를 바랐다.

사유는 언제나 완성되지 않는다.
이 책 또한 하나의 결론이 아니라 현재까지의 정리일 뿐이다.

앞으로의 삶과 공부 속에서 이 사유는 계속 수정되고, 보완되고, 확장될 것이다.

이 책을 읽는 독자 또한 나와 같은 여정을 자신만의 방식으로 이어 가기를 바란다.

명리학은 답을 주는 학문이 아니라, 질문을 정교하게 만들어 주는 학문이기 때문이다.

이 사유의 여정이 독자 각자의 삶 속에서 또 다른 사유의 출발점이 되기를 바라며,

이 글로 이 책의 이야기를 마친다.

현대과학 명리학의 정해(定解)

1판 1쇄 발행 2026년 3월 16일
지은이 유병국

교정 주현강 **편집** 이승빈
펴낸곳 (주)하움출판사 **펴낸이** 문현광

이메일 haum1000@naver.com **홈페이지** haum.kr
블로그 blog.naver.com/haum1000 **인스타** @haum1007

ISBN 979-11-7374-357-3(13180)

좋은 책을 만들겠습니다.
하움출판사는 독자 여러분의 의견에 항상 귀 기울이고 있습니다.
파본은 구입처에서 교환해 드립니다.